国家社会科学规划基金重点项目（20AJL010）阶段性成果

# 交通战略赋能后发地区小康社会高质量发展

## ——来自江苏省盐城市的例证

刘吉双　刘子洋 等　著

中国农业出版社
北　京

**图书在版编目（CIP）数据**

交通战略赋能后发地区小康社会高质量发展：来自江苏省盐城市的例证 / 刘吉双等著．—北京：中国农业出版社，2021.9

ISBN 978-7-109-28756-3

Ⅰ.①交…　Ⅱ.①刘…　Ⅲ.①交通运输发展—影响—小康—建设—研究—盐城　Ⅳ.①F127.533

中国版本图书馆 CIP 数据核字（2021）第 187581 号

---

中国农业出版社出版

地址：北京市朝阳区麦子店街 18 号楼

邮编：100125

责任编辑：潘洪洋

版式设计：王　晨　　责任校对：吴丽婷

印刷：北京中兴印刷有限公司

版次：2021 年 9 月第 1 版

印次：2021 年 9 月北京第 1 次印刷

发行：新华书店北京发行所

开本：700mm×1000mm　1/16

印张：12

字数：200 千字

定价：52.00 元

---

# 本书作者名单


**主要作者：**刘吉双　刘子洋

**其他作者：**乔　璐　庄迎迎　吴　歆　张雅琴

张　琛　张昕滢　孙　前　卞华燕

吴　丹　孙　怡　孔　璐　李珊珊

朱佳瑜　陈　磊　骆善来　王紫薇

# 前言

新冠肺炎疫情造成世界经济严重衰退、国际贸易大幅度萎缩、经济全球化遭到较大挫折。当前如何恢复和发展经济，是摆在各国政府面前的重要课题，也是我国各级地方政府面临的重要课题。要以交通强国战略为引领促进区域经济振兴。改革开放以来特别是党的十八大以后，江苏省盐城市坚持交通先行适度超前发展方针，加快交通基础设施现代化建设，目前已经形成了公、铁、空、港、水一体化的立体式现代综合交通运输体系。现代交通网络的形成，彻底改变了盐城区位的劣势，盐城由苏北交通落后地方跃进为中国中部交通枢纽和江苏东部重要交通枢纽。交通的先行发展，有力地促进了区域经济的振兴，盐城在农村小康建设、新型城镇化、区域一体化等诸多方面迈出了实质性重大步伐，盐城由江苏落后地区进位为中国经济发达地区，达到全国百强地级市中游水平。总结盐城交通经济建设经验，用交通建设促进经济发展，对于各级地方政府以交通建设为引领振兴区域经济，具有重要的现实指导意义。在物流业大发展的当代，一个地区形成现代综合交通运输体系的重大现实意义在于，能够大幅度降低物流运输成本，加快产业集聚发展。世界性经济衰退，会催生世界经济新一轮高质量发展。正如习近平总书记指出的那样，要坚持用全面、辩证、长远的眼光分析当前经济形势，努力在危机中育新机、于变局中开新局。在交通强国战略驱动下，盐城要放大交通建设新优势，结合新型基础设施建设，补交通短板，助力交通经济转型升级，降低物流运输成本，吸引更多国际和国内项目向盐城集聚，以大项目带动乡村振兴、新型城镇化和城乡融合高质量发展，努力为形成全国新发展格局探索新路子，提供新经验，为区域经济振兴提供盐城新方案。

目 录

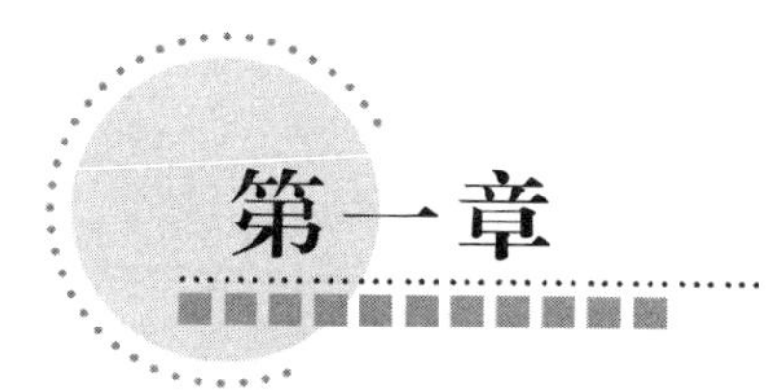

# 第一章

# 公路建设对盐城农村全面建成小康社会的影响*

2019 年 9 月，中共中央、国务院印发了《交通强国建设纲要》，指出："全面推进'四好农村路'建设，加快实施通村组硬化路建设，建立规范化可持续管护机制。促进交通建设与农村地区资源开发、产业发展有机融合，加强特色农产品优势区与旅游资源富集区交通建设。"同年 10 月，江苏省成为交通强国建设的 13 个试点省份之一。江苏省盐城市在 2019 年提出要坚持把决胜全面建成小康社会作为公路发展的新任务，全力保障国家和省市城乡区域协调发展战略实施。

盐城地处苏北里下河地区。1983 年建市以前，盐城仅有二级公路 113.3 公里，三级公路 105.4 公里，四级公路 1 618.6 公里，等外公路 497.3 公里。建市以后，盐城市交通实现了超常规、跨越式发展。截至 2020 年年底，全市共有公路总里程 25 991 公里，其中高速公路 396 公里，一级公路 1 808 公里，二级公路 2 842 公里，三级公路 1 586 公里，四级公路 19 359 公里，其中国道 997 公里，省道 1 176 公里。全市公路网密度达每 100 平方公里 153.8 公里①。"一纵一横一联"高速公路联网畅通，"六纵十二横"干线公路网基本形成。公路建设对促进盐城全面建成小康社会，发挥了举足轻重的作用。

---

* 本章合作作者是乔璐。

① 数据来源于盐城市 2020 年国民经济和社会发展统计公报。公报使用的数据为快报数，最终以《盐城统计局 2020 年鉴》公布数据为准。

# 第一节　盐城公路建设的历史脉络

## 一、新中国成立至改革开放初期

新中国成立前，盐城交通闭塞，与市外往来的道路只有通榆线从上冈至马家尖段宽窄不一的123公里土路能勉强通车，群众多以水路进行交通出行。1949年10月，中华人民共和国成立后，党和人民政府十分重视交通运输事业，在第一个五年计划建设中，盐城公路交通事业得到了迅速的恢复，并有所发展。20世纪50年代，为使公路建设适应经济发展和工农业生产建设的需要，全市贯彻执行了“全面规划，加强领导，依靠群众，就地取材，分期修建”的交通建设方针。在对干线公路（通榆公路阜宁至滨海段）、盐（城）建（湖）线、盐（城）新（洋港）线、冈（芦公祠）合（德）线、黄（沙闸）海（合德）线进行修复和改线的同时，大力发展联结主要城镇的支线公路与集镇之间的县乡道路。1956年1月，江苏省人民政府要求各专署、市县利用农闲时间修建适合当地运输工具行驶的县乡道路，以适应农业生产发展的需要。盐城专署根据上级要求，合理安排了上级补贴的60万元，并自筹35万元，新建路基17条，全长405公里，新建桥梁173座，涵洞41道。在修建县乡道路的同时，还修建了乡村道路1 600多公里，农村桥梁184座、长8 963米①。具体支线与县乡公路的修建情况见表1-1。

**表1-1　具体支线与县乡公路的修建情况**

| 公路名称 | 建造时间 | 公里数 | 贯穿路径 |
|---|---|---|---|
| 坎舍公路 | 1952年 | 26.5 | 东坎—大有舍 |
| 盐新公路 | 1956年 | 55.85 | 盐城—新洋港（穿过盐城和射阳两县） |
| 安琼公路 | 1956年 | 46 | 安丰—沈灶（经三仓镇、琼港农场） |
| 合闸公路 | 1955年 | 22.98 | 合德—射阳闸 |
| 阜沙公路 | 1956年 | 37.5 | 阜宁—苏北灌溉总渠 |

资料来源：《盐城市公路交通史》。

① 葛定山，王顺收．盐城市公路交通史［M］．上海：同济大学出版社，1992.

到 1978 年底，盐城全市通车总里程达到 2 636.7 公里。但是当时的公路质量不高，全市没有一条等级公路，并且农村公路发展缓慢，180 个乡镇中有 29 个不通汽车。

## 二、改革开放后至 2009 年江苏沿海开发战略的提出

1978 年党的十一届三中全会之后，由于全党工作重点转移，以经济建设为中心方针，盐城的工农业生产迅速发展，交通运输亦随之进入一个新的发展阶段，在交通运输结构、新技术的应用、运输服务质量等方面都有新的突破，“货畅其流，人行其便”，公路交通面貌焕然一新。为了加强公路建设管理，1979 年设地区公路管理处，1982 年 5 月，将原属各县管理的公路站事权收归地区处统一管理。同时，进行了企业整顿，以完善经济责任制为中心环节、整顿建设领导班子为关键、搞好机构改革为重点、提高经济效益为目的，实行全面计划管理和质量管理。这一时期的公路建设重点，是提高干线公路的通过能力，全市重点新建了市区进出口一级公路路面，兴建了 204 国道的响水灌河大桥，使通榆公路逐步向高标准、高等级过渡，从根本上解决公路的畅通问题。同时，还对境内干线通榆公路、冈合公路、盐建公路、盐兴公路、刘大公路等全部加铺了渣油路面。对支线安时公路、建冈公路、建宝公路、坎合公路、先烈公路，加铺了砖子路面。新建县社公路 323.6 公里，新加铺砖子路面 700 公里，1985 年全市统计，公路总里程为 2 198.4 公里，其中晴雨通车路面 2 321 公里，砂石路面 1 951 公里；全市公路桥梁 1 140 座、35 311.8 米，其中永久型桥梁 1 127 座；全市通车的乡镇达 189 个，占 97.9%；全市共有养路大道班 32 个，有养路工人 2 523 人，其中固定工人 847 人、工程技术人员 79 人，拥有各种工程养护车辆 278 辆。

党的十一届三中全会以后，在“放宽搞活”方针的指导下，交通管理部门改变了过去“独家经营，统得过死”的状况，积极扶持集体运输，鼓励个体运输，开放运输市场，促进了公路运输的发展，出现了国家、集体、个人一齐上，多层次、多渠道办运输的新局面。到了 20 世纪 80 年代后期，整个江苏省公路发展态势良好，盐城公路也开始发展起来。总体来说，在 90 年代中期以前，盐城公路发展较为落后，直至“九五”规划之后，盐城公路发展才算是实现了质的飞跃。1998 年是盐城公路发展史上

的一个转折点，这一年江苏省干线公路网化工程建设全面启动，盐城市紧抓历史机遇，推进公路发展。“九五”期间，盐城市认真贯彻落实“基础设施快上”和“主攻公路，快上铁路，扩建机场突破海港，提高内航”的方针，奋起拼搏，取得了显著的成绩。1996 年盐城一级公路仅有 46 公里，到 1997 年一级公路迅速发展至 191 公里，并且二级、三级公路均有较大幅度的发展。此外，盐城市的第一条高速公路宁靖盐高速公路盐城段于 1998 年 10 月 10 日正式开工建设，并于 2001 年建成通车，改变了盐城没有高速公路的现状，盐城公路向更高等级、更高质量发展。

在农村公路基础设施的发展上，1997 年有 3 775 个行政村通了公路，占行政村总数的 80%。1998 年这一比率上升至 92.5%，到了 1999 年这一比率已经达到 99.9%。2002 年，较为落后的滨海县也已经实现了村村通公路。在此基础上，盐城市投入 30 亿元改建农村公路，2004 年全市第一条农村二级公路——东台市台南公路后港段改建工程项目顺利完工并投入试运行，2005 年已经有 98.7%的行政村通上了水泥路。到 2008 年底，全市累计完成投资 37.4 亿元，建设农村公路 10 217.9 公里，改造桥梁 732 座。与此同时，盐城市开始全面实施农村客运车通达工程服务“三农”经济，行政村通车率于 2004 年底达到 62.5%。2009 年底全市行政村客运班车通达率达到 93%。这一时期，农村公路在实现数量不断增长的基础上，同时不断提升质量，发挥农村公路改善社会民生的重要作用。

## 三、2009 年江苏沿海开发战略实施至今

2009 年江苏沿海开发战略提出后，次年 6 月沿海高等级公路开始建设，将江苏省沿海的连云港、盐城和南通三市贯通起来。在沿海开发战略背景下，盐城加快公路交通建设，推进城乡“路、站、运”一体化建设，从而建成城乡 1 小时交通圈，为沿海大开发战略服务。盐城公路发展已经比较完善，实现了县县通高速。根据盐城市基本实现现代化对公路交通的要求，结合盐城市经济发展规划和城镇规划，考虑盐城市的地理位置，确定盐城市公路今后发展规划的总目标为：建成以城镇为中心，以高等级公路为主骨架，沟通盐城市和南通、泰州、连云港等市的运输通道。以干线公路为骨架、以盐城市为中心、以盐城各下属县市为市级次中心，再由各县市为中心，向各城镇、乡村辐射，形成一个层次分明、功能齐全、纵横

交错、四通八达的公路网体系，使公路交通成为盐城市进一步改革开放、发展外向型经济、开拓国内外市场的重要支柱。一级公路通各镇，全市所有自然村通公路①。目前主要建成的高速路有：沈海高速公路（国家高速G15）。为盐城绕城高速东段，是前往上海的重要通道，原为江苏沿海高速公路，北经苏鲁界河锈针河接同江至三亚国道主干线（山东境）汾水至日照高速公路，南接苏通长江公路大桥，并与宁启高速公路交叉，途经连云港、盐城、南通三市，路线全长 403.28 公里。盐靖高速公路（国家高速 G1515，苏高速 S29）。原为江苏宁靖盐高速公路，为盐城绕城高速西段及北段，向南最远可至靖江，向东接上沈海高速可至连云港，它基本与东边的沈海高速平行，此条高速是盐城通往苏南地区的重要通道，是盐城与外界交流重要的高速公路之一。盐洛高速公路（国家高速 G1516）。原为盐淮高速公路（苏高速 S18），为盐城绕城高速南段，与沈海高速公路交互，然后经盐洛高速东段直达大丰港，西接京福国道主干线徐州绕城高速公路并与连徐高速公路交叉，途经盐城、淮安、宿迁、徐州四市，路线全长 308.43 公里。盐洛高速公路自东向西将沿海、宁靖盐、京沪、宁连、宁宿徐等纵向高速公路沟通，是横贯苏中—苏北腹地的一条重要的东西向交通要道。

## 第二节　公路建设对盐城农村小康社会建设的效应分析

公路发展对于一个地区的经济发展、文化交流、产业结构调整、提升人民生活水平等有着显著的作用。盐城公路的发展，提高了农业生产效率，促进了农业产业结构的调整，加快了农村城镇化进程，带动了区域物流业的发展，助推了旅游产业的崛起。公路的发展促进了城乡要素的交换，带动了城乡融合发展步伐。因此，公路发展对全面小康社会建设有着极大的促进作用。

### （一）公路的发展，提高了盐城市农业生产效率

公路的发展使得一些现代化机械设备进村成为可能。1997—1999 年，

① 孙慧丽．江苏沿海开发中的产业结构优化研究［D］．南京：南京师范大学，2011.

盐城行政村通公路率迅速由 80%上升至 99.9%，在这一时期，盐城市的农业机械总动力也发生了较快增长（图 1-1）。21 世纪初以来，盐城行政村实现公路村村通，加快了农业的机械化生产，截至 2020 年年底，农机总动力 740.89 万千瓦，被评为全国整建制率先基本实现主要农作物生产全程机械化示范市。机械化的农业生产对于提高生产效率具有非常大的推动作用，促进了农村地区小康社会的建设。

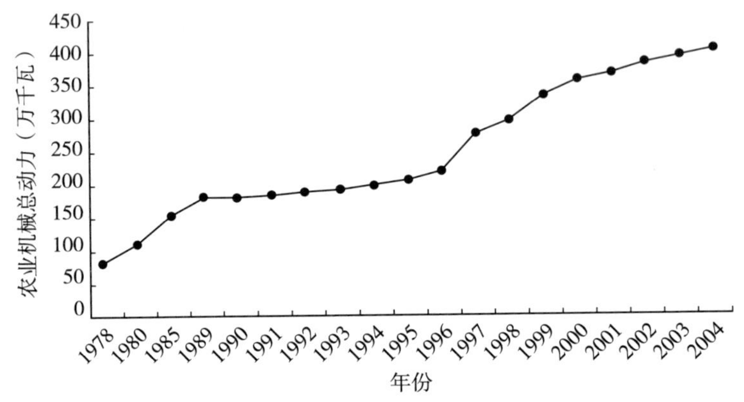


图 1-1　盐城市农业机械化程度

资料来源：《盐城统计年鉴》（1978—2005 年）。

### （二）公路的发展，促进了盐城农村产业结构的不断调整

从农村内部看，在公路尚不发达之时，盐城大多数农村处于相对封闭的状态，其产业结构十分简单，主要以第一产业为主，随着公路的发展，盐城农村地区的丰富资源得到开发，为农村发展新兴产业创造了条件，并且公路发展使得城镇与农村地区的交流更加方便，从而有利于盐城农村地区引进资源、高新技术等。因此，在公路发达以后，盐城农村的工业部门蓬勃发展起来，为农村创造了更多的就业岗位，农村从事非农劳动的人员比重相对增加，第一产业的劳动力纷纷涌向第二产业。从事非农工作相较于从事农业生产而言，有利于提高就业者收入的稳定性，农村的服务业等第三产业也会迅速发展起来，农业产业结构得到升级。除了农村地区产业自身的发展，公路的发展也有利于农村接收到城市的经济辐射和产业转移①。从农村外部看，

① 殷广卫．新经济地理学视角下的产业集聚机制研究［D］．天津：南开大学，2009.

在现代经济发展过程中，发达地区的产业向欠发达地区转移是现代经济社会的一个基本规律。盐城交通状况的改善有利于人口流动和产业聚集。农村的公路快速发展，为企业的物流运输创造了前提，而盐城农村又有丰富的劳动力，这些劳动力的价格相较于城镇而言便宜许多，因此，城市会将部分产业转移到农村，进而改善盐城农村产业结构。

### （三）公路的发展，加快了盐城农村城镇化进程

公路的发展能够加快促进地区城镇化进程。相较于农村而言，城镇的就业机会更多，待遇更好，因此，在有条件的情况下，人们纷纷涌向城镇就业。公路的发展正是提供了这样条件。农村劳动力大量向城镇转移，选择在工业部门或者是服务行业就业，农村的城镇化进程加快。同时公路的发展在城市要素下乡中起到了引导作用，作为城市和农村之间联系的纽带，加快了城市人员和物资下乡的速度。公路尤其是高速公路对乡镇企业的发展起到了促进作用，增强了乡镇企业与外资企业的合作，更多的就业机会被开发出来，为就地就近城镇化奠定了基础，促进了沿线地区农村城镇化水平的提高。伴随公路建设水平的提高，盐城常住人口城镇化率逐年提升，见图1-2。

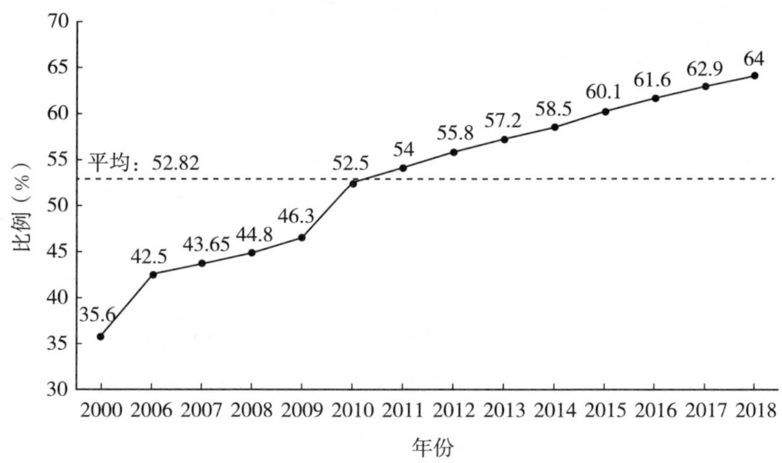


图1-2　盐城市常住人口中城镇人口比例

资料来源：根据《盐城统计年鉴》（2001—2019年）整理所得。

### （四）公路的发展，带动了盐城农村区域物流经济的发展

现代社会的一大特点就是高度信息化，日常生活、教育、医疗等

无不与互联网相联系。尤其是网上购物给人们的生活带来了前所未有的便捷。现代高度发达的网上购物是离不开公路交通的迅速发展的。一些第三方物流公司，例如顺丰、京东物流等，已经实现“今日买，次日达”，这些第三方物流公司都是近几年随着电商经济的快速发展以及公路交通基础设施的不断完善而发展起来的。20 世纪公路交通还不发达的时候，在一些交通闭塞的贫困山区，人们收寄快递不仅贵而且耗时久，而这些问题在公路快速发展的时代都得到了极大的改善。截至 2019 年年底，全国乡镇快递网点覆盖率已经达到 96.6%，而盐城市乡镇快递网点覆盖率已经达到 100%，实现了“乡乡有网点”。随着公路的发展，物流行业日渐发达，使农村居民也能够进行网购，扩大了农村人口在购物上的选择面，极大地提高了农民生活的幸福指数。盐城市着力打造电商村，包括以火鸡、苗木、菊花、大闸蟹等产品为特色的电商村，发展“一村一品一店”模式，2018 年盐城的农产品电子商务销售额突破 140 亿元。盐城市农村淘宝的发展直接得益于互联网和物流行业的快速发展，而盐城公路基础设施的不断完善又是物流行业发展的基础。

### （五）公路的发展，助推农村地区旅游业崛起

交通一直对旅游业的发展有重要的推动作用，发达的公路是人们进行周边城市自驾游的基本前提，在快节奏的生活环境下，人们往往没时间进行长途旅行。因此，在周末时自驾去周围城市就成了人们的最佳选择。自驾游可以带动旅游目的地服务业的快速发展。例如，在盐城市盐都区潘黄街道新民村，常常有游客来这里的草莓大棚采摘草莓。过去村里是 3.5 米的水泥路，游客来得少；现在都是 6～8 米宽的沥青路，直达田头的旅游大巴越来越多。该村以特色种植闻名，是四星级乡村旅游区，经过改造提升的“四好农村路”达 8 公里，方便了游客，促进了村民增收。2020 年，东台、大丰、亭湖、射阳、滨海、响水海堤公路 1 号线，大纵湖—马家荡段 2 号线，射阳黄沙港—建湖九龙口 7 号线等主题旅游公路建成，丹顶鹤国家自然保护区、麋鹿园、黄海森林公园、月亮湾、条子泥、斗龙港、黄沙港、龙王寺、九龙口、大纵湖、马家荡等著名景区通过旅游公路串联成线。

## 第三节　加快公路发展战略下盐城公路建设路径优化建议

《盐城市综合立体交通网布局规划（2021—2050年）》指出，市域要形成“七横五纵”高速公路网，主城“两环九射”高速公路网，高速公路总里程达到1 088公里，普通干线公路呈现“五纵十七横四联”布局形态，总里程达到2 602公里。快速干线公路呈现“一环六射三联”布局形态，总里程达到610公里。所有乡镇十五分钟上高速，主城区与县市区高快结合。为此，要从以下方面加快盐城公路建设：

第一，加强公路养护及改造，增加盐城市境内高等级公路密度，为农村电商发展和物流发展创造坚实的物质基础。盐城市的农村电商发展相对来说还比较落后，造成这一情况的一个主要因素就是农产品的特殊性。农产品在保存运输等方面有较高的要求，例如一些瓜果在颠簸的情况下极容易损坏，而对运输有相当高的要求；也有一些商品对保存具有较高的要求，例如一些海产品需要低温保存并且运输时间不能过长。而高等级公路的建设可以有效改善这些问题，高等级公路建设可以缩短运输时间，缩短区域之间的路程。因此，政府应加强对现有公路的养护，提高公路运输的平稳性，同时加大对公路改建的投入力度，提高农村公路的等级，提高农村地区的通达性，为农村电商的发展创造良好的物质基础。

第二，投资建设沿海农村公路，形成沿海高等级公路网。目前，盐城市靠海的高等级公路较少，这不仅影响了港口货物运输的发展，而且制约了盐城旅游业的发展。应扩建沿海高等级公路，并与国道、省道相接轨，使得货物更容易流向内陆，以公路建设推动港口建设，增加盐城市港口的吞吐量；同时也能促进沿海旅游业的发展，使得沿海农村居民享受到旅游业兴盛发展带来的福利，使得沿海农村居民大力发展服务业，促进农村产业结构升级。

第三，着力打造农村旅游公路，促进农村地区旅游业的发展。旅游公路最先在美国兴起，20世纪上半叶美国就已经出现多条旅游公路，例如66号公路、1号公路等，目前我国东部地区的经济发展水平以及汽车拥有率已经超过美国20世纪60年代的水平[①]，因此，盐城市作为东部地区的城市之一完全具备发展旅游公路的条件。美国的旅游公路具有极强的文化色彩，盐城市打造的美丽乡村旅游公路也要强调文化色彩。盐城地处沿海并且有多个自然动物保护区，这在全国都是较少见的，因此，在发展美丽乡村旅游公路的基础上，应着力打造一条沿海生态旅游公路，体现盐城沿海以及东方湿地两大特色，创造属于盐城的特色旅游公路，促进沿海地区农村的旅游业发展。

第四，贯彻新的发展理念，加强绿色农村公路建设。在公路的规划、设计、实施、运营、管理等方面都要体现绿色集约理念。因此，在规划设计时应尽可能不占用耕地森林；在进行公路建设时尽可能选用新材料新能源，使用新技术；在对公路进行管理时，管理者应秉持节约绿色的理念，对公路发展过程中对环境造成的压力进行检测；此外，应加大宣传力度，在全社会形成一种绿色出行的氛围，使人们形成绿色、节约的意识，并联合盐城的汽车产业研制新能源汽车并在全市推广，减少人们在日常出行上造成的碳排放。通过上述措施减少公路发展对环境的污染和对资源的消耗，促进美丽新农村的建设，促进农村全面小康的实现。

第五，充分利用数据技术，加快农村公路的信息化管理。随着互联网、大数据、云计算、AI技术等的发展，人们越来越多地运用信息化技术手段管理公路建设。使用信息化手段进行管理，大大提高了管理效率，减少了不必要的管理成本，提高了公路资源利用效率。目前盐城公路系统也已经运用了一些信息化手段，例如对一些事故路段的预警、恶劣天气时的安全提醒等，这样的管理方式大大减少了公路事故和道路拥堵情况的发生。在未来，盐城应该进一步加强信息技术的运用，要着力发展电子收费站，电子收费站的发展有利于减少交通拥堵，减少出行时间，对于农村电商的发展（尤其是以海产品销售为主的农村）也有一定的促进作用；电子收费站的发展也有利于降低成本，通过发展电子收费站从而减少人工成本以及管理这些人员的成本，提高资源的利用效率。

① 徐旳，陆玉麟．高等级公路网建设对区域可达性的影响——以江苏省为例［J］．经济地理，2004，24（6）：830－833.

# 第四节　小　　结

公路对小康建设的促进作用一直以来都为人们所重视，公路发展对经济发展有先导性作用。韩先科①对全面建成小康社会公路交通评价体系进行了研究，将公路交通分为三个系统，分别为基础设施、运输服务和支持保障系统，并进一步确定了功能指标和操作指标，通过指标体系来分析公路交通发展情况。谭清香②通过研究发现，农村公路基础设施建设对减缓贫困有显著的影响。此外，李谷成等人③对农村基础设施建设对农业全要素生产率的影响进行了研究，发现公路基础设施能够显著促进农村全要素生产率的提高。柳思维等人④通过空间计量经济学的方法，对中部地区公路发展对城镇化的贡献进行了分析，研究发现公路基础设施对城镇化具有显著的正向贡献并且高等级公路对城镇化的贡献较大。杨帆等人⑤进一步研究发现相较于其他交通运输方式，公路交通基础设施建设对经济增长的贡献率显著大于铁路交通基础设施建设。在文献研究基础上，结合盐城公路建设实际情况，本研究发现：盐城公路发展在盐城全面建成小康社会进程中作用和地位十分突出。盐城是江苏地势最低的地方，没有山区，平原地形显著，非常适合农村公路发展。长期以来，盐城依靠公路发展经济，铁路建设没有提上日程。盐城通过公路的建设，提高了农业机械化水平，成为全国著名农业大市，推进农业产业结构调整，盐城又成为全国农业强市，乡村振兴走在了苏北前列。盐城公路建设加快了农村城镇化步伐，推动了农村物流经济兴起，提升了农村旅游的层次，助推了全面建成小康社会。在加快公路建设战略引领下，盐城正踏上全面建设农业农村现代化新

① 韩先科．西部地区全面建成小康社会公路交通发展目标研究［J］．公路，2015（3）：109－112.

② 谭清香．农村公路基础设施对减缓贫困的影响评估［D］．北京：中国社会科学院研究生院，2003.

③ 李谷成，尹朝静，吴清华．农村基础设施建设与农村全要素生产率［J］．中南财经政法大学学报，2015（1）：141－147.

④ 柳思维，徐志耀，唐红涛．公路基础设施对中部地区城镇化贡献的空间计量分析［J］．经济地理，2011，31（2）：237－253.

⑤ 杨帆，韩传峰．中国交通基础设施与经济增长的关系实证［J］．中国人口·资源与环境，2011，21（10）：147－152.

征程。需要在新的发展理念指导下，着眼于沿海公路、旅游公路、绿色公路和智慧公路特色，加强公路维护、改造和建设。即便是在铁路、飞机和港口大发展的当下，盐城也要突出地方特色和地形的优势，抓住公路建设主题不放松，适应工业化、城镇化和农业现代化的新要求，将公路建设扩面提标，提档升级。特别是要大力加强旅游公路建设。针对盐城成为中国唯一滨海湿地类世界自然遗产地新情况，建成全域旅游公路。通过全域旅游公路建设，克服盐城地广人稀、路途时间较长、容易让旅客产生旅途疲劳感的不便，建设好公路周边环境，用稻田、麦浪、花海，打造“车在路上行，人在画中游”的美丽景观。

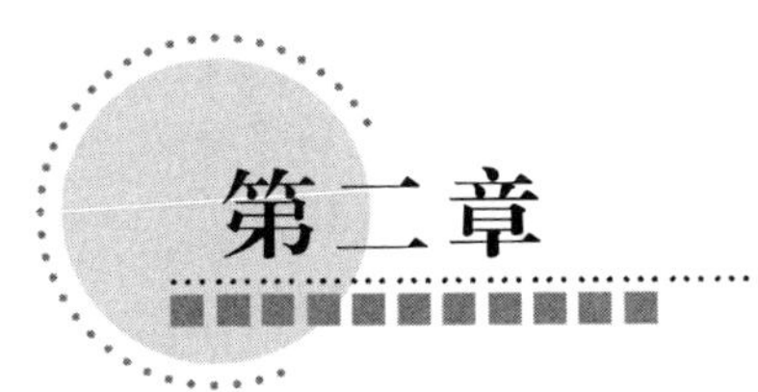

# 第二章

# 盐城—上海公路建设对盐城经济的影响*

盐城市公路基础设施建设对盐城经济增长起到了很好的先导性作用，其中，盐城到上海的公路开通较早，对盐城接轨上海发挥了重要的桥梁作用，便利了盐城与上海人员、物质的往来，欠发达地区接收到发达地区经济外溢效应，促进了欠发达地区经济增长。

## 第一节　盐城—上海公路建设历史脉络

我国公路的划分按其行政等级分为国道、省道、县道和乡道，并按照技术等级分为高速公路、一级公路、二级公路、三级公路、四级公路。由国、省、县三字汉语拼音首字母 G、S、X 作为它们各自相应的标识符，标识符加数字组成编号。一般把国道和省道称为干线，县道和乡道称为支线。高速公路是公路运输高度发展的产物，它是国家干线公路网的骨架，是承担主要城市、地区间汽车高速运输的道路，具有“高速、大量、连续、安全、舒适、经济”的特点，在公路网中占据重要地位。盐城市域范围内有三条主要的公路走廊，共同构成 π 形的复合交通通道，这三条交通走廊是沿海交通复合走廊、盐淮交通复合走廊和宁盐交通复合走廊。其中沿海交通复合走廊联系了沿海的主要港区及周边城市，是盐城向北对接连云港、山东，向南对接南通、上海的主要廊道，沿海通道公路部分包括一条高速、两条国道即沈海高速、204 国道、228 国道（临海高等级公路）。

* 本章合作作者庄迎迎。

盐城到上海方向即南北走向的国省道公路部分，包括以上沿海主要通道和S29、S226、S229三条重要省道。

## 一、新中国成立到改革开放前（1949—1978年）

204国道为此阶段盐城通往上海的唯一陆路通道，历史悠久的204国道最老的路段为江苏阜宁至南通段，原是由范公堤改造而成的。G204是我国华东地区的重要通道，北起于山东烟台贯穿胶东半岛，经日照市穿赣榆县进入江苏境内，南北纵贯江苏东部沿海地区，在南通过江经常熟、太仓进入上海，全程路线1 031公里，简称烟沪公路。从北到南途经城市为（山东段）烟台→富山→栖霞→莱阳→莱西→即墨→胶州→胶南→东港区→（江苏段）赣榆→连云港→响水→滨海→阜宁→盐城→东台→海安→如皋→南通→常熟→太仓→上海嘉定。204国道盐城段（1976年前称通输公路）北起响水县灌河，南至东台与海安交界处，全长214.79公里。204国道盐城段于1905—1933年土路基本成形，1952—1959年铺筑碎砖路面，1971—1982年完成黑色渣油路面铺设，2007—2010年实施第二轮改建后，全长198.07公里。

## 二、改革开放到江苏沿海开发战略提出（1978—2009年）

**1. G204：盐城对于204国道的改扩建从未停歇。**1980年前204国道盐城段还是四级砂石路面，只有约3.5米宽，路上养护工作量大，路面等级低通行质量差。为促进盐城经济发展，1984—2002年进行了第一轮全程改造，此次改造技术标准偏低。为策应沿海开发战略，加强区域之间尤其是盐城与上海间的交通经济联系，促进盐城经济社会发展，2007—2010年进行了第二次改建，此次改建盐城段花费投资为37.5亿元。

**2. G15：沈阳—海口高速公路**（简称沈海高速），**是国家重点干线，起点是辽宁省沈阳绕城高速金宝台立交，终点为海南省海口市海口连接线，规划里程3 701公里，通车里程3 562公里，是唯一一条贯通中国东南沿海地区的高速公路。沈海高速于2010年12月28日全线通车。**G15在江苏路段被称为沿海高速公路，北经苏鲁界河锈针河至同江至三亚国道主干线汾水到日照高速公路，南接苏通长江公路大桥经苏州常熟董浜枢纽、朱桥主线（苏沪省界）进入上海。连接高速众多，包括长深、连霍、盐靖、盐洛、启扬、沪陕、沪武、太仓港北疏港高速、常台、常嘉、沪宜、太仓港南疏港高速。沿海高速公路路线全长403.28公里，总投资约200.44亿元，分汾灌、连盐、盐通三段建设，于2006年11月全线建成通车。沿海高速公路自苏鲁交界至灌云段为四车道高速公路，其余路段采用六车道高速公路标准。是江苏省首轮规划建设的“四纵、四横、四联”高速公路主骨架的“纵一”段，是沿海大通道的重要路段。

G15盐城段由盐通高速和连盐高速组成，全长204.14公里，工程总投资为87.28亿元。其中盐通高速公路盐城段全长95.48公里，北起于亭湖区南洋镇与连盐高速公路相接，南讫东台市富安镇，于2002年下半年全线开工，2005年11月建成通车，投资38.43亿元。连盐高速公路盐城段起于响水县灌河大桥，途经路线为响水县→滨海县→射阳县，止于亭湖区南洋镇与盐通高速公路相接，穿越3县1区17个乡镇55个村，全长108.66公里。2003年11月全线开工，2006年建成通车。工程总投资48.85亿元。沿海高速公路的通车使得江苏省首轮规划的“四纵、四横、四联”高速公路主骨架实现联网畅通。

**3. S29：宁靖盐高速公路**（2009年江苏省高速统一编号改名为盐靖高速）**是江苏省的一条省内高速公路，国家高速编号为G1515。**盐靖高速公路北起特庸枢纽，与沈海高速公路相接，经潘黄枢纽与盐淮高速公路相交，南至广陵枢纽与京沪高速沪陕高速相连，全长168.620公里。经盐城亭湖区、盐都区，泰州兴化市、姜堰区、泰兴市，设计时速100公里，双向四车道，路基宽度为25.5米（其中盐城北段工程16.3公里为26.0米），全线共有桥梁304座，主线桥梁总长占路线总长的16.9%，沿线设13个收费站、4个服务区。盐靖高速公路是江苏省规划建设的“四纵、四横、四联”高速公路主骨架中的“联一”部分，分三期建设，分别于2001年11月30日、2002年10月22日和2008年8月26日建成通车。

S29（宁靖盐高速公路）盐城段境内长47.48公里，北起于盐城市射阳县盘湾镇，南止于盐城市与兴化市交界处盐兴界河，该线分一期工程和二期工程（盐城北段）两期建设，工程总投资为18.46亿元。其中S29高速公路盐城段一期工程，是盐城市历史上第一条高速公路，该段1998年7月28日开工，2001年11月正式通车，工程总投资10.6亿元。二期工程（盐城北段工程）于2005年11月开工建设，2008年8月建成通车，工程总投资 7.86 亿元。

**4. S226：江苏 226 省道又称陈李公路（陈李线），北起盐城响水县陈家港镇，南至海安市李堡镇，是连接盐城市响水县与南通市海安市的南北重要通道。**S226 经过盐城市响水县、滨海县、射阳县、亭湖区、大丰区、东台市和南通市海安市三县两区两市，全长约 300 公里。S226（陈李线）盐城段路线为响水县陈港镇→滨海县滨淮镇→八滩镇→射阳县兴桥镇→盐东镇，S226 省道亭湖至大丰段起点位于与 S331 交叉处北侧的新洋收费站附近，向南经方强镇与盐城至大丰港高速公路交叉，经新丰镇跨刘大线航道，止于 332 省道与西康路交叉处，路线全长 30.409 公里，按一级公路标准建设，设计时速 100 公里，路基宽度 26 米，工程总造价为 7.41 亿元，是大丰区融入盐城市区的快速通道，是盐城市东部沿海地区南北交通主要干线。1998—2001 年，响水、滨海、东台、大丰、射阳段改建成二级公路，2005—2010 年射阳段改建一级公路。S226 对于呼应沿海开发战略、完善区域干线路网，加强沿线乡镇间联系，促进地方经济社会发展具有重要作用。

**5. S229：江苏 229 省道，又名盐锡线，是江苏省的一条重点纵向干线公路，北起盐城市与 204 国道相交，南至无锡市惠山区与 342 省道相接，全长 212 公里。**主要路段为双向四车道或六车道，部分路段双向二车道。该省道主要经过盐城西互通、安丰互通、姜堰、季市互通、孤山、八圩汽渡、黄田港汽渡、江阴、青阳、无锡北互通等地，连接盐城、兴化、姜堰、泰兴、靖江、江阴、无锡等地。S229 盐城段起自盐城市开发区新桥，经盐都区潘黄镇→郭猛镇→大冈镇→盐兴界河进入兴化市境内→东台市溱东镇入境，境内全长 33.11 公里，沥青混凝土路面，路面宽 10～23.5 米，全线有桥和涵洞 39 座（道）。1994 年改建完成，呈南北走向，全线二级路面标准，沥青混凝土路面。2000—2002 年，从线路起点至马沟西 12 公里按城市道路三块板断面改造，快车道、慢车道、双向六车道、非机动车道用绿化带隔离，其余 21.11 公里路段为二级公路。

## 三、江苏沿海开发战略以来（2009 年至今）

江苏沿海高速公路和 204 国道，虽然纵贯沿海三市，但都距海边较远，不利于贯彻沿海开发战略，难以适应沿海地区的发展，江苏临海高等级公路顺势而生。G228 江苏临海高等级公路紧邻大海，走向与沿海高速公路基本平行纵贯南北，路线北起连云港赣榆与山东日照交界处，南至南通启东，贯穿连接连云港盐城及南通三市的临海港区、城镇、产业园区，全长 521 公里。于 2010 年 4 月 28 日开建，2012 年全线完工，总投资达 158 亿元人民币，是江苏省建设规模最大、里程最长、技术最复杂的公路。其中盐城段全线 243 公里，南通段长 165 公里，连云港段长 113 公里。全线为双向四车道一级干线公路标准，预留六车道，局部八车道，设计时速为 100 公里。着眼于沿海开发战略的大视角，这条公路建成后不设收费站，免费通行。

临海高等级公路盐城段全长 240.85 公里，按一级公路标准建设，总投资 64.72 亿元，建设年限为 2010—2014 年。项目北起响水县陈家港镇与连云港相接，南讫东台黄海原种场与南通相连，沿线经过响水县、滨海县、射阳县、亭湖区、大丰区、东台市 6 个县（市、区），其中响水段 22.31 公里，滨海段 35.28 公里，射阳段 60.55 公里，亭湖段 9.64 公里，大丰段 68.93 公里，东台段 44.14 公里。新建大桥、特大桥 37 座，中小桥 29 座，涵洞及通道 526 道。该项目由响水、滨海、射阳、亭湖、东台、大丰等 6 个县（市、区）负责建设，自 2010 年开始各县（市、区）陆续开工建设，于 2013 年全线建成通车。其中，亭湖段于 2015 年 11 月完成竣工验收工作，东台段、大丰段于 2016 年上半年完成竣工验收工作，射阳段、滨海段、响水段于 2016 年下半年完成竣工验收工作。

## 第二节　盐城—上海公路建设对盐城经济发展的效应分析

投资乘数效应是一种宏观的经济效应，指经济活动中某一变量的增减所引起的经济总量变化的连锁反应程度。交通投资乘数效应指交通投资不仅会产生自身层面的经济效益，而且作为经济的一项要素投入，通过乘数效应影响资本积累，带动几倍于投资额的社会总需求进而提高国民收入、增加就业，加速社会经济活动①。对于公路设施投资来说，建成投资后不

① 王令丰．高速公路建设与运营对区域经济拉动作用的分析［J］．赤峰学院学报（自然科学版），2015，31（13）：149－151.

仅具有自身效益，而且其建设行为会引起各部门的连锁反应，最终表现为经济的成倍增长[①]。盐城—上海公路建设拉动了盐城经济增长，密切了盐城与上海的关系，带动了盐城旅游经济快速发展。

## 一、盐城—上海公路投资带动了盐城建筑行业的经济增长

公路建设投资首先带来的是盐城公路建筑业的经济增长，例如江苏临海高等级公路的建设有 14 家企业中标，新增了 0.6 万个就业岗位，直接带动当地 GDP 增长[②]。盐城到上海的公路建设仅新建改扩建项目投资就已经超过了 215 亿元。公路建设又是一个产业关联比较大的项目，比如建设所需要的原材料、机械等都需要相关产业进行提供，且其消耗的水泥、钢材、碎石等工料，追本溯源最初的产品必须经过一定的中间转变和物化劳动一步步转变为公路建设中直接消耗的施工材料，该过程平面展开关联甚多，因此公路建设引起建筑材料需求增加的同时，也给社会经济的全方位发展提供了众多机会[③]。

## 二、盐城—上海公路建设促进了盐城与上海人员、资金、项目的往来

盐城到上海的国省道干线公路的建设发展改善了盐城地区的可达性，使得上海与盐城地区接近性和联系性变好。改革开放前盐城最好的公路仅为四级公路，设计时速为 20 公里，盐城到上海的距离为 310 公里，路上需要花费 15.5 个小时，而目前高等级公路的建设将通行时间缩短到 4 小时内，大大提高了盐城与上海之间的通行效率。对于企业来说可达性的提高，促使企业生产制造的产品或服务更易于到达新市场或原料地，而扩大运营成本的下降使得利润增加进而使企业竞争优势加强。对于地区来说可达性的提高能够改善经济地理位置，使得地区具有良好的区位经济条件，进而拉动外地投资。公路之于盐城地区的发展是十分重要的，在盐城到上

---

① 丁燕飞．国省道公路建设对地区经济社会发展的影响研究［D］．广州：华南理工大学，2018.

② 高玉良．公路运输经济发展中信息化管理的作用分析［J］．农家参谋，2018（23）：228.

③ 曾思思，曾元．四川省交通投资对经济发展的乘数效应分析［J］．西南公路，2017（4）：65－70.

海铁路和盐城到上海航线没有开通之前，公路是两地区之间的主要流通手段，盐城是上海的菜篮子，生鲜蔬菜主要依靠公路运输。对于盐城临海的农村地区来说，其粮食蔬菜等农副产品的运输对于公路的依赖程度最高，盐城是农产品生产大市且农产品的销售主要依靠陆路运输，有关数据显示，盐城农副产品 30%直供上海，上海市场上销售的农副产品约 10%来自大丰，因而盐城到上海的公路建设对于促进盐城农村地区发展来说尤为重要。与此同时，公路通达性的提高能够使经济欠发达的盐城地区承接长三角中心城市上海的产业转移，拉动上海对盐城地区的投资。上海对于盐城的合作扶持政策一直受到交通环境的限制，随着盐城到上海地区公路设施的不断完善，上海对于盐城的项目投资也日益增多，截至 2019 年，盐城与上海合作共建产业园区有 12 家，落户项目 573 个，总投资 1 355.6 亿元，基础设施投入 163.8 亿元。公路的发展显著促进了盐城可达性和通达性的提高，从而加快了盐沪之间要素的“双向流动”。

## 三、盐城—上海公路建设促进了盐城—上海旅游业的合作发展

交通运输网络的建设极大地促进了沿线旅游资源的开发和利用，高效、便捷的交通系统是推动旅游业发展的重要因素[①]。随着公路路网的不断完善，制约地区经济发展的“交通瓶颈”逐渐被打破，这为高度依赖交通条件的旅游业带来了极大的便利，公路成为旅游业发展的“动脉”。盐城到上海的干线公路尤其是临海高等级公路有效整合了沿线旅游资源，降低了旅游资源开发成本，使得旅游资源的利用效率大幅度上升，大大缩短了上海与盐城旅游区的路程，促进了上海游客来盐旅游的欲望。盐城旅游业近年来蓬勃发展，生态湿地旅游是盐城的优势所在，2015—2017 年旅客接待人数与旅游收入增幅连续三年位居江苏第一，这与 2015 年江苏临海高等级公路建成通车有着很大的关系。其中为了更好地接轨大上海、融入长三角，2015 年起，盐城市主要下辖区盐都区与上海各大旅行社携手，开通上海至盐都的旅游直通车，每年通过直通车走进盐都的上海人超过 5 万人次，盐都区旅游收入、旅游人数年增长率均在 20%以上。

① 于萌．高速公路发展与经济增长的关系研究［D］．保定：河北大学，2009.

## 四、盐城—上海公路建设推动了盐城—上海城市圈的形成与发展

交通运输是城市经济圈形成和发展的基础条件之一，公路运输以其机动灵活、直达性好、通达范围广等优点，承担着城市经济圈主要运输任务。加快各地区的生产要素的合理流动，在空间配置上实现不断优化，缩小了各地区经济发展水平的差异性①。公路建设对于盐城密切与上海的联系作用突出，地位重要。盐城作为江苏省面积最大城市拥有狭长的海岸线，整个城市沿海呈长条形分布，下属大丰区接近上海。2015 年大丰撤县级市设大丰区，大丰与盐城在行政管理与发展政策规划上联系更为紧密，将大丰纳入盐城市区规划有利于形成盐城—上海经济圈，形成盐城与上海资源的集聚效应与规模经济。近年来盐城的战略选择为接轨大上海、融入长三角，盐城将通过大丰桥头堡全力向上海靠齐，并发挥城市圈优势，加强地区之间产业、消费、人口迁移上的互补，带动盐城其他县（市）区的发展，缩小地区之间的发展水平差距，从而促进整个盐城的发展，将盐城打造成江苏沿海中心城市。

# 第三节　接轨上海形势下盐城—上海公路建设路径优化建议

随着长三角地区一体化战略上升为国家战略，长三角地区城市加强了与上海的联系，承受上海经济外溢效应，打造共同大市场。盐城作为长三角中心区城市一员，提出了面向大海、接轨上海、绿色发展、绿色跨越“两海两绿”发展新路径。接轨上海是赋能盐城经济增长的有效途径，为此，要发挥好盐城—上海公路传统优势，拉长“长板”，加快盐城接轨上海进程。

第一，要加大公路网密度，构建以公路为基础的盐城—上海交通综合运输体系。加强公路网密度的建设，解决盐城公路网密度不足的问题，盐

① 汪沛．盐城公路交通与区域经济协调发展对策与建议［J］．交通企业管理，2017，32（6）：16-18.

城目前发展速度较快，尤其是实施接轨上海战略以来，盐城地区获得了更多有利的政策和资源，融入长三角进程加快，公路作为其支撑的基础设施越来越需要完善与加强。随着盐通（盐城—南通）高铁时代的到来，盐城—上海接轨速度在加快，对公路建设提出了新的要求，公路是最灵活的交通方式，需要以公路为基础来完善与其他交通方式的对接工作。盐城—上海公路建设不能只考虑自身的发展规划，还要考虑盐通高铁等其他交通方式的路线及规划，留出高铁路线区域，加大与高铁对接的公路网密度，加强与高铁港口的疏通公路的建设，进而提高其他交通运输方式的运输灵活性和运输效率，完善以公路网为支撑的盐城—上海交通综合体系，使盐城更好地融入上海经济生活圈，促进盐城与上海的一体化进程。

第二，针对本地城市特色，打造盐城—上海最美公路以增加盐城—上海公路旅游附加值。盐城不仅是一个红色革命城市，更是一个生态文明城市，其城市标语“一个让人打开心扉的地方”展现了盐城的众多生态旅游的资源，其拥有太平洋西岸和亚洲大陆边缘面积最大、生态保护最好的海岸型湿地，黄海湿地获准列入世界遗产名录，填补了中国滨海湿地类世界自然遗产空白。不仅如此，盐城在沿海地区还拥有众多的旅游资源，如麋鹿自然保护区、荷兰花海等。而近几年建成通车的临海高等级公路就连通了盐城众多旅游资源，盐城要积极依靠临海高等级公路打造建设东部地区最美生态公路，并鼓励盐城—上海沿线地区建设休憩、观景、农产品展示、文化交流等服务设施，可建设绿道、步道和自行车专用道等慢行交通体系以满足上海来盐游客的需要。盐城—上海最美公路的建成不仅能够带来更多的经济收益，还能够提升盐城在上海的知名度，从而吸引上海更多的资源投资与政策支持，促进盐城更好地发展。

第三，建立公路运输信息管理网络，补上盐城—上海农村公路信息网络建设短板。当前科学技术发展速度进一步加快，已经逐步开始向大数据时代转变，盐城—上海公路运输信息化管理要与以大数据为基础，通过网络化办公，信息统一录入，专业技术咨询等数据传输环节，减少失误率，降低运营成本。在传统的公路交通运输管理体制中加入高科技事物，使盐城—上海公路交通运输经济管理体制更加适合目前的发展状况。进一步完善盐城—上海公路管理体制。信息化管理的实现，可以更好地对企业的经营风险进行控制，相对于其他类型的企业来说，公路运输企业本身的发展面临着很大的风险，如何对这些风险进行有效的规避和控制，这也是影响企业自身发展的重要因素。盐城农村地区—上海公路信息化管理不足，要加快信息化建设，两地政府可以与取得资格的地图应用软件公司进行合作，给予一定的政策支持，完善公路信息网络的构建，通过信息化管理工作的应用和落实，更好地实现对这些信息的高效准确的收集，加快盐城—上海公路建设。促进盐城农村地区与上海大都市农产品和旅游等要素的更好对接。

第四，建设好“五型”公路，提升盐城—上海公路管理能力和服务水平。“五型”公路是指安保工程型、数字公路型、服务设施型、绿色通道型和文化工程型五种类型公路。代表了公路建设的新方向。要以“五型公路”新理念为指导，全面快速推进盐城—上海 204 国道改扩建工程。系统推进通信系统、供电系统、监控设备设施建设。在沿线重要交叉路口、重要节点安装球形摄像机、车辆检测器、单门可变情报板。建立盐城—上海 204 国道全线数据处理中心和应急指挥中心。为公路的车辆、行人提供基本的出行信息服务，并及时解决运行中发生的问题应对突发道路、天气等情况。进一步整合路政、养护、收费等资源，建设好盐城—上海 204 国道盐城段的数字公路。

## 第四节　小　　结

公路是区域发展的纽带，交通基础设施尤其是公路能够将经济发达地区和欠发达地区有机地结合起来，灵活配置地区之间的生产要素、人力资源等，实现欠发达地区与发达地区之间的交流互补，在更加广阔的范围内建立经济协作带，以实现统筹区域发展的目标。张军君（2014）[①] 收集福建省厦门市、漳州市、泉州市三市 2007—2012 年的相关数据，将公路运输与三市区域经济发展的作用关系作为研究对象，进行定量回归分析，最终发现公路运输与经济发展有高度的相关性，对三地区的经济发展具有很显著的推动作用，是三地区产业发展的重要影响因素。杨志华（2017）[②]

① 张军君．公路运输对区域经济发展的影响研究［D］．北京：中国林业科学研究院，2014.

② 杨志华．西藏公路建设投资对区域国民经济拉动效应的定量分析［J］．公路交通科技（应用技术版），2017，13（1）：169－171.

选择西藏地区 1982—2012 年的 GDP、公路通车里程数等相关数据，构建脉冲响应模型及协整模型，实证分析了西藏地区公路建设投资对区域经济发展的影响，最终证明了西藏地区的交通基础设施建设具有极强的外部性，交通基础设施的建设投资对区域经济的长期增长有着明显的拉动效应，且间接的经济拉动效应要远大于直接效应。罗霞（2006）① 结合四川省内江市国民生产总值及各影响因子、成渝高速公路间接效益因素等数据，实证分析了高速公路项目建成后带来的经济效应，得出了高速公路建设运营对区域经济影响的空间范围模型。

本部分就盐城到上海的公路发展史进行了研究，分析公路是如何促进两地经济联通的。研究发现，公路投资的投资乘数效应带动盐城建筑行业经济增长，促进地区流通，加快了旅游业的发展，促进了盐城—上海城市圈的形成与发展，增强了上海对盐城的辐射作用。

随着长三角一体化建设，盐城成为长三角中心区 27 个城市之一。盐城要在长三角发展中找准自身发展定位，错位竞争、差异化发展。农业是盐城一大特色，盐城—上海农村公路建设亟须补上短板。伴随盐城在长三角一体化建设中逐步融入上海大都市圈，盐城农业转移人口流向上海就业创业日益增多，同时上海人对盐城的优质农产品和乡村品质游需求也日渐加强。盐城—上海农村公路“五型”公路建设势在必行。到乡村去体验农家乐、泡温泉、采摘农产品等农事旅游活动，更多的是使用农村公路。当下人们因为导航技术的先进和私密空间的需要，更喜自驾游。这对盐城—上海数字公路建设提出了更高的要求。盐城要依靠上海发展，吸引上海项目、资金、人员来盐城，关键是要建设好公路等基础设施和公共服务设施，让上海人来盐城体验到真正农村大美风光、高品质美食和高质量休闲生活。其中，建设好盐城—上海数字公路是关键、是第一个窗口。

① 罗霞．高速公路对区域经济的影响机理及效益研究［D］．长沙：湖南大学，2006.

# 第三章

# 盐城—南京公路建设对盐城经济发展的影响*

加强公路交通运输与区域经济关系是可持续发展战略所要求的，也是市场经济的开放性所要求的。区域经济发展本身在很大程度上受到区域资源禀赋、交通状况和经济结构等因素的制约，正是这些相关因素影响着区域经济分布格局的形成及其发展特征。公路交通运输是连接这些要素的渠道。认真研究公路交通运输对区域经济的影响力，有助于政府部门科学规划区域发展，合理有效地为区域的发展提供适合的公路公共产品，以提高区域竞争力。本部分以盐城—南京的公路发展历史为例，研究公路的发展对欠发达地区经济发展的促进作用。

## 第一节　盐城—南京公路建设历史脉络

### 一、宁靖盐高速公路

改革开放政策实施以来，盐城—南京的公路基础设施有了飞跃式的进步。1998 年 10 月 10 日，盐城市开始建设第一条高速公路——宁靖盐高速公路的盐城段，2001 年 1 月 27 日，盐城市第一条高速公路正式建成通车，全长 187.66 公里，设计时速为 120 公里，在江苏公路规划“四纵、四横、四联”的干线公路中宁靖盐高速公路是非常重要的部分，具有十分重要的意义。宁靖盐高速公路（后改为盐靖高速公路，国家高速 G1515，苏高速 S29），这条高速公路的路线从省会城市南京经过靖江最终到盐城，

* 本章合作作者是吴歆。

将盐城市与江苏省其他重要的城市连成一张网，是盐城和外界交流运输的重要道路。

## 二、沪宁高速公路

盐城是江苏省唯一没有直达省会高速公路的地级市，需要接入沪蓉等高速公路。2014 年 12 月 27 日沪蓉高速公路（G42）全线通车，从东往西依次贯穿上海、江苏、安徽、湖北、重庆、四川 6 个省市，全长 1 966 公里，其中江苏段公路全长为 217.2 公里。江苏段沪宁高速 1992 年 6 月 14 日开工，1996 年 11 月 28 日通车，公路全长 248.21 公里，设计时速为 120 公里。1996 年该公路被列为国家重点工程，同时也是国内最繁忙的公路，全路共建设通道 294 条，立交 20 座，大大小小的桥梁 431 座。进入 21 世纪以来，随着城市群的发展，交通也越来越拥堵，2003 年 5 月沪宁高速进行了扩建，2006 年 1 月建好正式通车。

## 三、盐城—南京多种公路出行方式

目前，南京到盐城经过多年历史建设，已经形成多种公路出行方案，第一种不走高速，从南京出发经江北大道快速路公路、金江路公路、S353 公路、S333 公路、S233 公路、S231 公路、双新大道公路、世纪大道公路，最终到达盐城，用时 5 小时 20 分钟，路程共 265 公里；第二种用时最少，从南京出发走沪蓉高速转镇丹高速、泰镇高速，最后经盐靖高速到达盐城，用时 3 小时 11 分，路程共 261 公里；第三种，南京绕城高速公路、沪陕高速公路、启扬高速公路、盐靖高速公路，用时 3 小时 14 分钟，共 266 公里；第四种，从南京出发，经沪蓉高速、扬溧高速、启扬高速，最后经盐靖高速到达盐城，用时 3 小时 19 分，路程 272 公里；第五种，从南京出发，进入宁洛高速、长深高速至淮安再经盐洛高速公路到达盐城，用时 4 小时 10 分钟，路程共 313 公里。

## 四、宁盐高速公路展望

江苏提出必须缩小江苏省区域之间的经济发展差距，促进区域经济一体化，振兴苏北地区经济、推动苏中地区经济崛起、提升苏南地区经济发展。为此要推动建设宁盐高速公路。宁盐高速公路是盐城即将修建的直达省城的高速公路，这条高速公路是南京带动盐城发展的纽带。预期在2023年建成通车，预估总投资70亿元，先导段南京至扬州段预投资24亿元。宁盐高速公路是指江苏境内从南京到盐城的高速公路，以南京为起始点，经过仪征、高邮最终到达盐城东台。宁盐高速公路建成使南京与盐城之间的交通更加便利，加强了经济交流。宁盐高速是盐城市内唯一西南走向并且直通南京的高速公路。以前盐城市民想去南京需绕道淮安，开车需要3个小时才能到南京。宁盐高速路建成后只需要两个小时，与以往路线相比缩短了40公里的路程。同时能够解决里下河段交通不便的问题，促进沿海与沿江城市协调合作发展，可以拉近南京与盐城的距离。在计划路线中，宁盐高速向北会经过月塘、谢集、陈集等地区，还需要穿过菱塘、高邮、兴化等城市。经龙潭过江通道、仪禄高速，盐城和苏中的沿线车主可快速抵达南京禄口国际机场。江苏省的中部和北部地区通过宁盐高速公路紧密联系起来，交通更加便利，可以帮助苏北、苏中地区吸引更多南京地区资金，缩小区域经济发展的差距。

## 第二节　盐城—南京公路建设对盐城经济发展的效应分析

交通运输是国民经济的“动脉系统”。因此，交通运输业在区域经济中不但作为一个独立的生产部门存在，而且是社会和经济发展的重要基础结构部门。公路交通作为交通运输体系的重要组成部分，是交通运输产业存在的前提，它们的关系如图3-1所示。

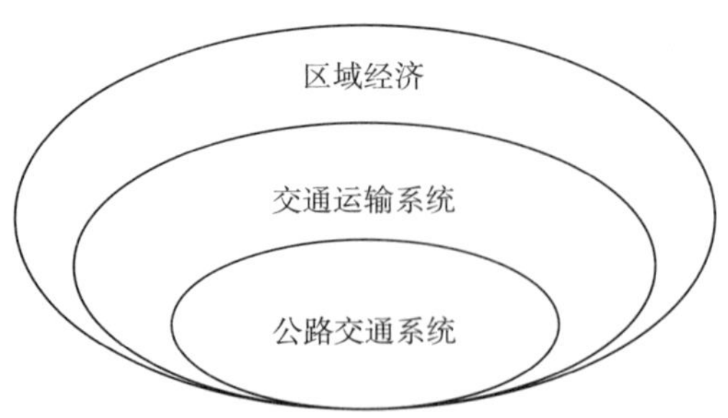


图3-1　公路交通系统与区域经济的关系

## 一、盐城—南京公路建设对两地产业经济的影响

盐城到南京公路运输的完善有力推动了沿线经济和产业的发展。例如两地的房地产业发展。随着公路的建设，两地的时间距离极大缩短，由于盐城的房价相对较低，南京市的部分人群被较低的房价所吸引，选择在盐城买房当作自己的第二个家，或者在一定的季节居住，推动了盐城市房地产行业的发展。南京到盐城公路的建成使南京游客来盐城旅游时交通更加便利，促进了盐城旅游业的发展。盐城年轻人更愿意到省会工作，购房置业。盐城游客也更愿意去南京旅游，持续推进南京旅游业的发展。不断建设的盐城—南京公路交通基础设施，能够减少货物运输成本、节约路上运输所花费的时间、降低运输货物过程中的安全风险，直接推动盐城区域经济飞速发展。日益完善的盐城—南京公路交通基础设施，能够促进盐城区域产业结构不断完善、产业空间划分更符合实际情况、加强盐宁的经济协作，从而推动盐城区域经济飞速发展。

## 二、盐城—南京公路建设对城市群和都市圈的影响

盐城地区传统上从属于南京经济圈。南京在江苏省的位置偏西，往西往南方便、往北往东不便的道路体系导致南京的经济辐射主要往西往南。但是沿海大路的贯通，使盐城到南京的时间变为 3.5 个小时。随着盐城—南京公路的进一步建设，盐城到南京公路时间缩短为 2 小时，盐城也逐步进入了南京的城市圈。盐城—南京公路的建设不仅为盐城带来了经济发展需要的大量资金、设备，同时能够获得盐城经济发展所需的信息、技术人才。工信部最新修订的《产业转移指导目录（2018 年本）》显示，盐城市承接发展的产业为：电子信息、新能源、节能环保、航空航天、医药、汽车、食品等。随着盐城和南京公路的发展，为盐城承接南京产业转移奠定了坚实的基础。特别是盐宁高速公路的发展，由于其连接区域内的主要城市，实行封闭式管理，极大地缩短了盐城—南京的时间距离，加剧了生产要素等向两个城市集中，改善了投资环境，加快了盐城—南京城市经济圈的形成、发展，促进两个城市间产业结构的调整、优化升级，推动了盐城工业化进程。

## 三、盐城—南京公路建设对两地融合发展的影响

公路作为连接和沟通其他干线通道的重要基础设施，为综合运输体系的建立和快速发展开辟了道路、创造了有利条件；且公路具有覆盖面广、通达度高的独特优点，能够连接城市和广大农村地区，对于发挥城市的辐射力、加快农村地区发展，统筹城乡发展及区域发展，加快城乡一体化进程具有重要意义。盐城市大丰区独特的生态资源，为大丰开辟了一条新道路。大丰专门进行乡村旅游景观道路规划，推动旅游业与美丽乡村、特色小镇建设相结合，紧密结合景点开发、村庄布局，以景引路、为景串线，实现了城乡一体化发展。依托打造的农村公路网，如今的大中街道恒北村在整治后，道路宽敞，美丽的乡村环境提高了村民们的生活条件。通过"荷兰花海"品牌辐射，引得南京等地客商前来开发，当地老百姓开始广泛种植郁金香、百合花等特色花卉、盆栽。与此同时，新丰"荷兰花海"的花卉、恒北的早酥梨、大桥的油桃、裕华的大蒜等，通过一条条农村公路，运输到了南京等经济发达的地区。

## 四、盐城—南京公路建设对两地交通一体化的影响

南京城市从圈层式蔓延逐步调整为都市区空间与交通一体化增长的典型模式，对于盐城都市区的建设具有重要的拉动作用。南京在 20 世纪 80 年代起就形成了"以长江为主轴、以主城为核心，结构多元，间隔分布，多中心、开敞式的现代化大都市空间格局"的空间发展构想和"井字加外环"高快速道路拉开城市发展框架、轨道交通轴向引导城市空间有序拓展的交通支撑理念。通过空间与交通一体化增长，在宏观、中观、微观三个层面均实现了以公共交通为导向的发展模式。宏观层面，通过发挥枢纽作用，支撑中心城市功能；中观层面，通过发挥交通引导城市发展作用，支持空间布局结构；微观层面，通过发挥轨道交通站点的节点支撑作用，衔接各级服务中心。盐城未来的发展可与南京空间与交通一体化规划对接，积极融入南京区域交通一体化进程中，通过城市空间结构的合理化与交通出行的便捷化，实现与南京区域一体化的发展。

## 第三节　盐宁一体化下盐城—南京公路建设路径优化建议

目前盐城市将接轨上海作为融入长三角一体化的重中之重，相对于与上海的互动，与南京的互动略显薄弱。随着南京经济实力的增强，加之盐城与南京交通一体化，盐城市应该加强与南京经济社会的往来。特别是宁盐高速公路通车后，盐城到南京通过公路仅仅需要 2 个小时，能够进一步密切盐城—南京人员、资金、物质等要素的往来，形成盐城—南京更高层次的统一大市场。为此，需要加强盐城—南京公路建设，为建立盐城—南京共同市场提供交通先决条件。

第一，多方投入、多方参与，提升盐城—南京公路基础设施建设质量。加大投入，开拓多元化筹资渠道。盐城地方财政要增加盐城—南京公路交通规划项目的财政投入，并列入地方财政年度支出预算中；全面开放公路交通市场，积极鼓励、吸引各类资本进入法律、法规未禁止的领域，促进公路交通投资主体、投资渠道与投资方式的多元化，引入民间资本，实现收益捆绑分成；争取商业银行配合力度，多方争取贷款、国债资金以及财政贴息等，积极拓宽盐城—南京多元化融资渠道，加快交通骨干基础设施建设；盐城政府要出台政策、引导农民采取“一事一议”等方式参与盐城—南京农村公路路面工程建设，解决农村公路筹资渠道不明的问题；对于产业园区道路，可由业主自行建设；要切实解决通乡公路建设债务问题，解决交通公路部门的债务压力，全力抓好交通建设工作。

第二，提高路网密度、配置公共交通，提升旅游公路档次。全面发展盐城—南京主干道网以及辅助的支线和市区道路网，提高路网密度，形成完备的、多功能的科学道路布局。还要改变只重视汽车交通发展的错误观点，优化配置公共交通、步行交通和非机动车交通资源，着重创造公平合理的道路交通体系。扩大交通供给必然能吸引更多南京游客来盐城，因此必须采取有力措施，适应南京旅客消费意愿，打造最美海岸线旅游公路，为盐城—南京旅客私家车出行提供最好的体验。

第三，加强盐城—南京公路交通规划的合理性和前瞻性。公路交通是人、车、道路和环境共同作用的复杂体系，因此必须坚持以人为本的立场和可持续发展，盐城—南京公路优化建设包括多方面的内容：公路交通发展和土地利用规划的统一；公路交通规划（包括静态交通规划）的前瞻性；公路交通建设和保护历史文物古迹之间的平衡；等等。对于盐城这座历史悠久的古都来说，协调好历史文物保护和旧城区道路改造的关系，是确保公路交通可持续发展的关键，也是建立安全、便捷、公平和环保的盐城—南京公路交通体系的重要环节。

第四，重视盐城—南京公路的交通管理建设。在加强盐城—南京公路交通基础设施建设的同时，也要强化交通管理，提高运输效率，使公路交通管理系统化、科学化。比如优化十字路口信号灯设置，可以提高道路网交通容量；适当设定单向通行，有利于调节交通移动速度；另外公路交通专用道的设置，有利于加强公路交通的服务和营运水平。

## 第四节 小 结

王亚①从经济学的角度研究了交通基础设施建设和区域经济发展过程，指出公路基础设施建设应该与宏观经济和微观经济发展相适应，公路建设促进了经济发展，但是由于管理上的原因造成公路网发展结构不合理，不利于经济发展。秦欢欢②指出区域及周边交通基础设施的投资建设对该区域经济产生积极影响。商丽③运用定量分析和定性分析相结合的方法，建立了区域经济与交通运输的综合发展指数，指出地区经济的大力发展会加大对交通运输的需求，有利于促进交通运输业的发展，提高交通基础设施建设资金利用率和减少对环境资源方面的破坏，应建立相应的交通运输发展和经济协调发展之间的相关机制。经济学家厉以宁④在《区域发展新思路》中指出了大城市的辐射带动作用，指出欠发达地区开发的多种模式，但是这些辐射和开发模式都离不开交通基础设施的建设。交通基础设施规划实施有利于经济欠发达地区经济发展。

---

① 王亚．重庆公路建设与县域经济发展研究［D］．重庆：重庆工商大学，2010：55－58.

② 秦欢欢．交通基础设施投资对区域经济发展的影响分析［D］．北京：北京交通大学，2015：56－60.

③ 商丽．河南省公路运输对区域经济发展的影响［D］．北京：北京交通大学，2012：13－33.

④ 厉以宁．区域发展新思路［M］．北京：经济日报出版社，2002：408－413.

公路交通是交通运输业发展的基础。长期以来，盐城—南京公路在盐城农业转移人口流动和南京产业转移方面发挥了重要作用。但由于盐城—南京公路通行往往需要绕道淮安，多出 40 公里，总共花费 3 个多小时时间，相比之下，乘坐高铁去上海才需要 2 个小时，所以盐城人更愿意去上海消费，更愿意接轨上海。但是随着盐宁高速公路的通车，盐城人不必再绕道淮安，而是可以直达南京，时间缩短了近 1 个小时，加之盐城到南京高铁的修建，使盐城至南京的可达性增强。盐城是江苏的一部分，盐城的发展离不开江苏政策的支持，亦需要南京等城市的外溢效应，同时江苏的发展也需要盐城的外溢效应。“十四五”期间，以盐宁高速公路建设为引领，盐城政府需要系统谋划与南京城市群和都市圈的关系，加强与南京省会城市的对接，像接轨上海那样接轨南京，形成“双轨”经济赋能运行。本部分运用历史文献研究方法，以盐城—南京公路建设历史为例，分析公路运输发展对欠发达地区经济发展的影响。研究发现，盐城—南京公路建设，对盐城产业经济升级、盐城—南京都市圈形成、两地要素双向流动以及交通一体化都产生了重要影响。

# 第四章

# 交通强市战略下盐城农村公路建设补短板分析*

盐城市是苏北五市之一，发展农村公路不仅推动了盐城农村经济发展，而且促进了城乡之间的要素流动，进一步推动了盐城市城镇化率和居民收入水平的提升。新中国成立以来，盐城市在农村公路建设上取得了巨大成效。但农村公路建设短板问题依然存在，在交通强市战略引领下，破解农村公路建设短板问题，对于大力推进盐城市乡村全面振兴和现代化进程，具有重要现实意义。

## 第一节　农村公路建设对盐城经济发展影响的定量分析

新中国成立前盐城市仅有通榆线这一段近 123 公里的土路作为主干道，桥梁则以临时性的木制桥梁为主。在 1949 年至 1978 年间，盐城市的通车里程达到 2 037 公里。虽然公路里程数增长迅速，但是盐城市的等级道路仍然缺失，180 个乡镇中没有实现通车的乡镇仍多达 29 个。我国在 2006 年 10 月颁布了《全国农村公路统计标准》，该标准较清晰地定义与界定了农村公路概念以及范围。作为我国公路网的一个构成部分，农村公路起着重要的作用，它是农村中主要的公共基础设施，由如下三个部分构成：一是县道，二是乡道，三是村道，详见表 4-1。

自 1984 年起，国家累计投入 100 亿元为贫困地区修建农村公路 22 万

* 本部分合作作者为张雅琴。

公里[①]。在此期间，盐城市的农村公路建设取得了一定成绩。以东台市为例，东台市是盐城市农村公路建设状况较好的区域之一。在改革开放之前，东台市就已经形成了初具框架的农村公路网，但是仅有204国道完成了沥青路面的建设，其余的道路还是沙石道路或土路面。改革开放后，东台市着力实施以构筑"五纵三横"（纵为226省道东台段、头富公路、海堤公路东台段、廉广公路、204国道东台段；横为富新线、弶溱线、东蹲线）为主的公路网络建设，加快进行公路建设量的扩张和质的提高，实现全市公路建设的大跨度发展。截至2000年，东台市新建、改建公路14条，长112公里；新建、拓建公路桥梁143座，初步形成了"五纵三横"干线公路网络，率先在盐城市实现了市乡（镇）公路网络化。在21世纪的前十年，盐城市的农村交通也呈现出飞速发展的态势。自2003年起，农村基础设施建设的完善提上日程。盐城市通过政府补贴，村民集资等形式，极大地推动了农村公路的建设。2010年，盐城市交通基础设施建设累计投资76亿元，全年修建超过900公里的农村公路和200座危桥。截至2010年，盐城市9个县、138个乡镇以及1 927个行政村已经全部通达水泥硬化公路，并且实现了村村通四级以上等级公路。

**表4-1　农村公路的范围**

| 名称 | 含　　义 |
|---|---|
| 县道 | 指具有全县（含其他县级行政区划）政治、经济意义，联结县城和县内乡（镇）、重要商品生产和集散地的主要公路，以及不属于国道、省道的县际主要公路 |
| 乡道 | 指主要为乡（镇）内部经济、行政服务的公路，以及不属于县道及以上公路的乡与乡之间和乡与外部联络的公路 |
| 村道 | 指直接为农民群众生产、生活服务，不属于乡道及以上公路的建制村与建制村之间和建制村与外部联络的主要公路 |

进入21世纪的第二个十年，盐城市的农村公路建设不仅保持着量的高速增长，更在质量和效果上取得了明显提高。为了响应国家"四好农村路"建设，盐城市各县开始拓宽农村公路，提高农村公路的质量，提升维护水平，盐城市在2016年制定了改造升级农村公路的"三年计划"。截至

① 季求知．中国西部地区公路发展若干问题研究［D］．西安：长安大学，2005.

2018 年，盐城市已经在农村公路的改造提升建设上投资超过 110 亿元，累计改造升级农村公路超过 6 500 公里，改造升级农村桥梁、危桥超过 3 800 座。2019 年对江苏省农村公路的最新统计中，盐城市的农村公路总里程已接近 18 500 公里，盐城市所辖的全部行政村落已经实现双车道和四级公路以上的通车条件，是江苏省苏南地区以外第一个达成此目标的城市。改革开放后盐城市农村公路建设取得了重大成就。

## 一、分析方法和研究指标

在数据采用方面，通常采用基础设施投资数额和农业产值的数据，之后再利用回归分析来测量基础设施对于经济增长的影响。但是，这种方法忽略了基础设施存量与总产值时间序列数据可能存在非平稳性的问题，使得在对非平稳序列直接进行回归时，有可能会出现伪回归现象，从而使研究结论缺乏说服力。根据以往的研究成果，对时间序列数据采用多元回归分析法和格兰杰因果关系检验法，对农村经济增长和农村生产性基础设施的三类实物存量之间的关系进行实证分析。多元回归分析的目的是通过模型来确立各变量之间的相关关系和影响程度。格兰杰因果关系检验的目的是检验变量间的因果关系。由于在 2006 年之前我国缺少对于农村公路的详细统计，只统计了各区域的县道和乡道，所以对于盐城地区 2006 年以前的农村公路将以盐城市历年的三等公路、四等公路和等外公路之和来进行统计。

## 二、数据分析及说明

为了分析农村公路建设对城市农村发展带来的影响，需要选取若干变量进行多元回归分析，各个指标变量如表 4－2 所示。

**表 4－2　本部分研究所需变量**

| 变量 | 具体含义 | 类型 | 对应数据 |
|---|---|---|---|
| 农业总产值（*GOA*） | 盐城农林牧渔业历年生产总值 | 被解释变量 | 农林牧渔生产总值 |
| 农村公路（*ROAD*） | 盐城农村公路总里程 | 解释变量 | 农村公路总里程 |
| 农业动力（*POWER*） | 盐城农业机械投入 | 解释变量 | 农用机械总动力 |

农业总产值：地区的农林牧渔业的生产总值是反映农村经济的一个较

为直观的指标。

农村公路：本部分的农村公路数据主要来自历年的《盐城市国民经济和社会发展统计公报》，但是需要注意的是在 2010 年之前缺乏官方口径统计的农村公路数据。因此，2010 年之前的农村公路将以盐城市三级公路、四级公路和等外公路之和来进行统计。

农业动力：本部分分析的是农村地区的经济发展水平，需要关注农业生产的主要成本。如今，机械化生产已经逐步成为农业生产的主要方式，农业机械化与农村公路建设密切相关，耕种收的机械化都离不开农村公路的支撑。

上述具体的数据如表 4－3 所示。

**表 4－3　盐城市 2006—2018 年农业总产值、农村公路、农业动力数据**

| 年份 | 农业总产值（亿元） | 农村公路（公里） | 农业动力（万千瓦） |
|---|---|---|---|
| 2006 | 553.05 | 12 954.7 | 422.96 |
| 2007 | 601.7 | 13 838 | 438.89 |
| 2008 | 658 | 14 533 | 480.42 |
| 2009 | 693.8 | 14 706 | 495.49 |
| 2010 | 759.2 | 16 800 | 510.81 |
| 2011 | 849.7 | 16 940 | 528.61 |
| 2012 | 925.2 | 17 132 | 563.75 |
| 2013 | 991.7 | 17 147 | 596.35 |
| 2014 | 1 035.8 | 17 301 | 635.16 |
| 2015 | 1 073.5 | 17 508 | 667.48 |
| 2016 | 1 104.9 | 17 491 | 679.12 |
| 2017 | 1 139.2 | 21 628 | 689.12 |
| 2018 | 1 183.9 | 22 560 | 703.79 |

资料来源：2006—2018 年《盐城市国民经济和社会发展统计公报》与《盐城统计年鉴》。

## 三、单位根检验

为了能在后续的分析中使用格兰杰因果分析，需要对数据模型进行严格的验证，即本部分所采用的时间序列数据需要拥有较好的平稳性。对数处理不能保证数据达到稳定，还需要进行单位根检验才能完成合理检验。现进行假设，若数据平稳，为零假设，即I(0)，若数据无法在时间流中维持稳定，则需要做差分处理（一阶），若处理后平稳，为I(1)。对样本数据进行对数处理后检验结果见表4-4。

**表4-4　ADF检验结果**

| | $t$统计量 | $p$值 |
|---|---|---|
| *LROAD*的ADF统计量 | 0.323 29 | 0.999 4 |
| *DLROAD*的ADF统计量 | 11.440 6 | 0.075 7 |

可以发现，在10%的显著水平下，本次ADF检验是无法支持零假设的，即经过对数处理，本次样本的数据依旧不平稳。因此，必须再次对样本数据进行处理，直至其可以完美通过假设检验，统计分析中最常用的方法是对数据进行一阶差分处理，*DLROAD*为经过一阶差分处理后的数据。处理后的$p$值小于0.1，表示经过一阶差分处理后的数据流拟合情况良好，已具备了拒绝零假设的条件，因此，一阶差分后的数据流经检验后满足平稳序列的特性，可以拒绝零假设了。

## 四、多元回归分析

**表4-5　多元回归分析结果**

| 被解释变量：*LOGY* | | | | |
|---|---|---|---|---|
| 所包含的观测值：13 | | | | |
| 解释变量 | 系数 | 标准误差 | $t$统计量 | 概率 |
| $C$ | −3.298 760 | 0.891 569 | −3.699 950 | 0.004 1 |
| *LOGX*1 | 0.177 503 | 0.168 377 | 1.054 196 | 0.316 6 |
| *LOGX*2 | 1.316 127 | 0.151 245 | 8.701 939 | 0.000 0 |
| $R^2$ | 0.978 945 | | | |
| 调整$R^2$ | 0.974 734 | | | |
| $F$值 | 232.477 9 | | | |
| $p$值 | 0.000 000 | | | |

根据表 4-5 中的多元回归分析结果，可以得出以下关系式：

$$LGOA=-3.29876+0.177503\ LROAD+1.316127\ LPOWER$$

该多元回归分析结果，表明了农村公路里程数和农村经济发展之间的正相关关系。

### 五、格兰杰因果关系检验

因果关系，即事件起因和后果之间的某种联系，主要是分析某个变量的变化是否会改变另一个变量，或者说能否从某个变量的变化中预知另外一个变量的变化。基于上述分析，必须把经过处理的变量进行格兰杰因果检验，探究农村公路的建设是否可以作为农村地区经济增长现象的原因。而农业生产的总动力投入主要是为了更好地拟合模型，主要还是要探查之前确定的指标农业总产值和农村公路间的因果关系，检验结果见表 4-6。

**表 4-6　格兰杰因果关系检验结果**

| 零假设 | *F* 值 | *p* 值 |
| --- | --- | --- |
| *LROAD* 不是 *LGOA* 的格兰杰原因 | 24.217 4 | 0.013 2 |

根据上表分析，可知在 5%的显著水平下，盐城农村公路里程增加是盐城农林牧渔生产总值增长的单向格兰杰原因。

## 第二节　盐城市农村公路建设中存在的短板问题

虽然盐城市改革开放后在农村公路建设上取得了重大成就和进展，但是盐城市在公路建设上还存在不足。可以归纳为以下三点，首先是政府的筹资渠道较窄，难以对农村公路建设提供充足的资金；其次是盐城市农村公路建设规模大，现有的技术人员较为缺乏，增加了施工难度，也留下了一定的质量隐患；最后是缺乏对于农村公路的护养管理，对农村公路的护养管理不到位，资金难以落实，难以达到“建养并重、有路必养”的目标。具体分析如下：

**1. 农村公路建设资金缺口较大。由于物价指数上涨，乡村公路建设的资金缺口也对应增加。**经济的高速增长也带动了物价水平的提高，修建农村公路的许多建筑材料成本和人工费用也相应提高，这进一步加大了盐城政府的资金压力。农村公路建设最大的难题就是资金问题，农村公路建设资金缺口较大。通达工程的提出和中央以及地方政府的项目支持并不能满足资金需求，其差额只能是地方自筹。蔡二伟（2007）① 针对盐城市的农村公路建设研究表明，由于盐城市地处苏北里下河地区，缺乏公路建设必要的材料，因此农村公路建设的造价要明显高于其他地区，盐城市乡通乡公路建设的平均成本在 102 万元/公里，而村通村公路的平均成本在 36 万元/公里。

**2. 农村公路质量难以满足交通和经济发展需要。**根据盐城市的社会经济统计数据，自 2010 年起，盐城市新增乡级以上公路 5 760 公里，而同期四级公路和等外公路的里程数高达 4 975 公里，占比达到 86.4%。2010—2018 年，盐城市的农村公路总里程数增长超过 50%，但是四级公路和等外公路的占比依然较大。这种高占比意味着近 10 年来盐城市的农村公路增长大多来自修建水平较低的公路。这些公路在运输能力、使用年限和道路安全等方面都远远不如三级或者以上公路。另外，盐城市农村公路中现有 5 000 余座危险桥梁未能同步改造。盐城市缺少高等级、高质量的农村公路，制约了农村公路的容量和运输能力，难以满足当地的交通和经济发展需求。

**3. 重视修建轻视养护，农村公路缺乏良好维护机制。**大量农村公路纷纷投入使用，由此带来的养护管理问题逐渐凸显，对于公路的管养问题缺乏认知，重视修建，轻视养护，使得农村公路养护的投资力度不足，保护意识薄弱，一些乡、镇、村对公路管养工作不注重管理，最终导致公路生命周期缩短，公路建设资金使用效能大打折扣，财不能尽其用。例如盐城市一些农村公路投入使用以后，缺乏养护意识，公路的损坏严重，这就导致盐城市农村公路难以达到设计之初所设想的使用年限。盐城市的政府统计数据表明，全市过半数的农村公路已经达到了损坏的程度，甚至有些农村公路在完工的一年内就已经遭受破坏。上述问题都反映出盐城市在农村公路护养上的投入不足，若此问题得不到重视，那么不仅会浪费政府投入的资金，更有可能导致农村地区交通不畅，路面情况恶劣，进而阻碍农村地区发展，甚至危害居民行车安全。

---

① 蔡二伟．盐城市农村公路建设过程中的关键问题研究［D］．南京：东南大学，2007.

## 第三节　交通强市战略下盐城农村公路建设补短板的建议

首先，建立多元化融资渠道。在满足政府宏观调控和市场自我调节的基础上，盐城市应该逐步探索筹集农村公路建设资金的方式和渠道。一方面，需要积极维护现有的农村公路筹资方式，另一方面则可以通过金融投资等方式创新筹资渠道。此外，有必要开放投资领域，让市场资金更有机会参与到农村公路建设项目的运作和管理中，合理规范地建立多元化的融资渠道。农村公路资金筹集应以“引导”为重点，资金聚集应以“法律”为重点，资金管理以“自治”为重点，资金使用则要以“公开”为原则。除此之外，按照我国《公路法》的相关规定，下级政府在修建农村公路时可以向上级政府申请财政支持，具体可以通过地方投资和“以工代赈”的方式来实现对农村公路建设的援助。

其次，农村公路建设标准必须严格执行。规范建设程序，实行公开招投标制度。各乡镇、街道办事处必须本着“公开、公平、公正”的原则，严格按照国家招投标法和市区有关建设工程实行招投标的相关规定，在施工单位选择上要倾向于守护信誉、资金丰厚、技术能力强、懂法守法的单位，确保项目保质保量完成。同时也要建立健全科学的质量标准。农村公路建设在标准统一的情况下也要做到因地制宜、实事求是。除个别偏远且车流量少的特殊路段外，其余所有村道公路均统一按四级公路及以上标准勘测设计。

最后，加强公路养护管理，合理落实公路护养资金。盐城市首先要大力培养市内各级政府对农村公路的养护意识，将“建养并重、有路必养”的目标深入贯彻到各级政府的工作中去。另外，政府还需要建立合理高效的团队来完成农村公路的日常护养工作，不仅上级单位要有完善流程，还要保证每条农村公路或者每个区域范围内的农村公路有团队进行护养。合理地分配资金和高效地使用养护资金，是做好农村公路养护工作的保障。实际上，江苏省自 2007 年起就设立了定向补贴用以养护盐城市的达标农村公路，各级县道、乡道和村道按照不同标准能够获得 1 000～13 000 元的农村公路养护资金。要在盐城市各级政府的财政预算中考虑农村公路的建设和养护管理的预算。例如，市级政府需要将对县道、乡道和村道的养护经费按一定标准纳入预算，同时将维修、改造和升级农村公路的费用按比例也纳入财政预算，下级政府和职能部门也要根据一定标准设置预算，建立健全预算体系，提出合理的农村公路养护预算方案。

## 第四节　小　　结

徐秉宏[①]（2008）考察了农村公路建设与农村地区可持续发展之间的关系，最终目的是实现安全环保、舒适和谐的农村公路建设目标。马文田[②]（2008）研究发现目前我国农村公路的主要问题是供给不足，主要原因还是中央政府和地方政府在财政支出上仍有较大缺口。研究建议采用更加合理的筹资方式、更加明确政府职责以及建立更加高效的农村公路决策体系来改善这一问题。郝亚光和黄雪丽（2012）[③] 分析了乡村公路建设可能会带来的负面影响。为了更好地检验农村公路和农村经济发展之间的关系，本部分搜集了2006—2018年盐城市农村公路和农村经济发展相关指标，通过单位根检验、多元回归分析和格兰杰因果检验等方法确定了盐城农村公路和农村经济发展之间的相关关系。根据盐城市当前农村公路建设的状况，总结出盐城市农村公路在公路质量、资金筹备和公路养护等方面的不足，并提出在交通强市战略引领下弥补盐城市农村公路短板的建议。

① 徐秉宏．浅谈农村公路建设中生态环境保护对策［J］．甘肃科技，2008，24（15）：133-137.

② 马文田．中国农村公路有效供给不足的问题探讨［J］．中州学刊，2008（165）：57-59.

③ 郝亚光，黄雪丽．乡村道路建设社会效应研究综述［J］．行政事业资产与财务，2012（9）：46-48.

# 第五章

# 新长铁路建设对盐城区域经济协调发展的影响[*]

长期以来，盐城重视公路建设。盐城市铁路建设在沿海开发战略实施后才开始重视。早期盐城铁路主要有南北向的新长铁路和连盐铁路，未来将会根据规划形成由连盐铁路、新长铁路、大丰港支线等共同构成的X形铁路骨架。如今盐城铁路建设正处于高速发展阶段，即将成为苏北地区重要铁路结点，对江苏省乃至整个长三角地区的经济发展有着不可估量的作用。

## 第一节　盐城铁路建设的历史脉络

### 一、改革开放前盐城铁路情况

盐城市是江苏省面积最大的地级市，面积1.7万平方公里，拥有江苏省最长的海岸线，拥有得天独厚的地理优势，但因为盐城大部分土地是由海底陆地上升而来，地势低洼，遍地盐碱、排水不畅，水分大量蒸发，盐分不断积累于地表，水文、地质条件恶劣。滨海沉积、淤泥滩涂、面粉砂土、断裂构造，组成了盐城地质的主要特征。这样的特征，对于建设铁路运输系统，是严重的阻碍。没有有利的地质和地形条件，火车难以通行。盐城市的铁路交通运输建设在新中国成立后未能立刻得到足够的重视，又受铁路基建水平不足等技术原因的限制，盐城直到新长铁路建成才结束了“地无寸铁”的历史。

---

* 本章合作作者是张琛。

## 二、新长铁路建设时期

纵观江苏省内铁路布局，明显呈北疏南密之势。尤其作为一个南北长东西短的省份，江苏铁路多以东西走向为主。摊开江苏省地图，除去绝大部分东西走向的铁路外，南北走向的铁路只有新长铁路。

改革开放后江苏作为排头兵，一直担负着为全国发展探路的使命，盐城的铁路建设也在这个背景下被提上日程。1984 年，原淮阴市委、市政府动议兴建新淮地方铁路，即新淮铁路，也就是新长铁路一期工程（新沂至袁北段）的前身。该计划在 1990 年 1 月正式破土动工，在建设过程中，新淮铁路的等级标准也由最初设计的地铁Ⅰ级（相当于国铁Ⅲ级）提高为国铁Ⅰ级。一期工程在 1996 年基本建成，1998 年全线通车。1998 年第二期工程开工，包含长 110 公里的淮阴至盐城段和长 309 公里的盐城至长兴段。线路自陇海线上的新沂站向东南引出，沿沭新河东岸南行，抵达淮安市，过楚州区后转向东南，延伸至盐城市区；继而沿通榆运河东岸南下，至海安县城，再转向西南，过泰兴，达长江北岸靖江市，以轮渡过长江，抵江阴市区；然后向西南延伸，经武进、宜兴境，于太湖西岸进入浙江省长兴县境，在长兴站与宣杭铁路汇合。新长铁路的建成，进一步完善了江苏省铁路网结构，加快了江苏现代化综合交通运输体系建设，对于推进盐城区域经济发展，充分发挥苏北后发优势，促进苏中快速崛起有着积极的影响。

## 三、具有重大战略意义的连盐铁路建设时期

2009 年江苏沿海开发战略规划通过，该战略的实施重点之一就是要加强沿海地区交通基础设施建设，实现江苏沿海地区交通设施的互联互通。连盐铁路就是在这个大背景下建设的。

连盐铁路的线路北至赣榆，南抵盐城北站。连盐铁路全长 234 公里，赣榆段长 55.55 公里，途经拓汪、石桥、海头、赣马、青口、经济开发区、宋庄、罗阳等 8 个镇区，设石桥货运站、赣榆客运站两个站，建设等级为国标一级，它的建设使得环渤海地区与长三角地区“无缝对接”，标志着“通畅连云港”的诞生，打破了以往的运输“瓶颈”，真正意义上实现了南北运输大动脉的贯穿。向北可接青岛，向南可接上海。连盐铁路作

为盐城市境内第一条电气化快速铁路，改写了响水、滨海、射阳三县无铁路的历史，极大地优化了盐城市临海地区集疏运体系，对于加快盐城市沿海开发步伐，优化东部沿海产业布局，完善区域铁路网结构都具有十分重要的意义。“十二五”期间，盐城铁路发展以服务沿海开发战略为总揽，强化区域对外通道建设，优化路网结构，提高路网质量，盐城市客、货运系统的主骨架基本形成，在此期间，铁路客运量累计完成 1 343.81 万人，其中 2015 年完成 433.52 万人，比 2010 年增长 111.32%，货运量累计完成 722.35 万吨，其中 2015 年完成 135.05 万吨，比 2010 年增长 294.88%。

### 四、全面建设高铁时期

党的十八大以来，盐城正成为江苏省铁路建设的主战场，青盐铁路、徐宿淮盐铁路、沪通铁路、南沿江城际铁路和通苏嘉甬城际铁路 5 条铁路以及 1 个盐城综合客运枢纽，共同构成了正在全面推进的“5＋1”建设模式。

徐宿淮盐铁路于 2015 年获国家发改委立项批复，同年年底全线开工建设，创造了高速铁路项目“当年立项、当年设计、当年建设”的纪录。这是盐城市境内第一条高铁，设计时速 250 公里，途经阜宁县、建湖县、亭湖区、城南新区。徐宿淮盐铁路盐城段（72 公里）经历了“从无到有”“从有到无”“从低到高”“从高到优”的艰辛争取历程。高铁建成后，盐城境内有高铁 300 公里，实现到上海一个半小时通达，到北京四个半小时通达，标志着盐城全面进入高铁时代。

## 第二节　新长铁路建设对盐城经济发展的效应分析

新长铁路建设对于盐城意义重大。它是盐城第一条铁路，改写了盐城人民出行只能靠公路的历史。同时降低了货物运输成本，为盐城发展实体工业经济提供了铁路运输先决条件。

### 一、增加区位优势，打开了盐城对外交往和联系的通道

一个地区的区位状况，尤其是经济地理位置，在很大程度上直接影响

着该地区在宏观区域中的地位和作用及在区域开发中的时序、水平、结构和组织等。具有良好区位条件的地区往往能够首先获得某一种或几种区位优势而得以优先快速发展。而新长铁路的建设改变了沿线淮安、盐城地区交通闭塞、可达性差的状况，打开了其对外交往和联系的通道，使交通区位条件发生变化，使得盐城在宏观区域中的战略地位相对提高；带动了与铁路相关的点状或线状基础设施（如公路、机场、水运航道、铁路支线、能源电力、邮电通信等）的发展，使地区综合可达性提高，硬投资环境发生重大改观；由于运输条件的变化和改善，使盐城区域格局发生扭转；新长铁路开通后，盐城多数地区交通地理位置得以显著改善，使沿线地区间的经济地理位置发生差异性的变化；靠近交叉点或重要车站的区位增强了可达性，经济地理位置趋优发展。可达性的提高，对外联系的加强，利于产生接触效果和接触优势，有助于新长铁路沿线地区劳动地域分工的形成和发展，促进沿线地区经济一体化的进程。

## 二、促进盐城农业资源和海洋资源合理开发利用，加快农村工业化进程

新长铁路沿线地区资源丰富，有多种农副渔业资源和海洋资源。新长铁路的建成，通过改善盐城沿线地区的对外运销条件，提高了这些资源在区域中的地位，加快了其开发速度，使沿线地区资源得到不同程度的合理开发利用，从而对沿线地区的经济发展产生重大的促进或推动作用。它的开通也为盐城沿铁路线布局有关企业产业布局在更广的空间上展开、生产要素在更大的范围内重新配置提供了可能。此外它还使盐城土地利用方向从农业转向工商业，改变了土地利用类型结构；促进农业生产结构的调整和升级，加快农业生产商品化；促进农业地域专业化的形成。农业生产率大幅提高，使许多农民从土地中解放出来，进入农村工业部门或走进城市，加速了盐城农村工业化的进程或促进了城市第三产业的发展。

## 三、加快盐城沿线城市化建设，推动城镇化进程

新长铁路建成后，为使其充分发挥集散功能，必然要在盐城沿线某些条件优良地点建设不同等级的火车站及相应的服务设施，同时要辅以公路、水路及动力线、供水线等的建设，从而形成基础设施束，用以满足沿

线货物、旅客在不同地点的集散要求及增进各地点间相互联系的需要。其结果是盐城铁路枢纽城市、新城镇的诞生，或使原有城镇得以进一步发展。例如盐城本市，因地理位置、经济、历史、文化等因素发展较早，铁路的通车使其更加如虎添翼，发展飞速，城市实力增强，城市空间扩散强化，成为新兴工商业城市。

## 四、促进盐城沿线区域旅游资源的开发利用，加快旅游业发展

新长铁路盐城沿线地区的旅游资源丰富而独具特色，拥有众多历史遗迹和革命纪念地。盐城是革命老区，1940 年 9 月新四军奉命北撤，在盐城重建新四军军部，八路军也曾在盐城活动，并建立中共中央华中局，当时许多领导机关均设在盐城，为纪念叶挺同志，1946 年盐城曾一度改称叶挺城。纪念地有新四军重建军部遗址和纪念塔、抗日军政大学五分校旧址正北楼。古迹有宋朝宰相陆秀夫的陆忠烈公祠，相传为汉代古址的四义井、八古铁等。另外盐城市东部滨海平原是滩涂地，盛长芦苇、盐篙、茅草，从 1983 年就辟沿海五县滩涂为珍禽丹顶鹤冬栖地，目前已建立珍禽丹顶鹤自然保护区 8 处和麋鹿自然保护区 1 处，成为人们参观的重要景区①。另外盐城境内还拥有黄海、湖荡等湖海风情，使人流连忘返。新长铁路的开通运营，增进了人员的交流，促进了旅游业的发展，并以此为契机拉动了区域经济。

## 五、形成盐城大型区域性商品流通中心，促进市场流通

随着新长铁路及支线公路的建成，对外交流增多，商品流量增加，流通路线和流量流向发生地区性变化。促进了盐城各种原有专业化市场的扩大及新市场的形成，促进了盐城农村集市贸易的发展。城市作为各地区的商贸集散、转运中心，其腹地农副土特产品收集及对城市或外地区商品的分销，主要通过集市贸易深入农村。盐城市利用新长铁路和公路、港口等交通设施快速发展现代物流。即通过市场化的操作，形成一个公开、开放、合法、竞争的市场环境，通过新长铁路基础设施建设，构筑物流运输

① 尹剑虹．新长铁路与苏北经济 [J]．江苏交通，2001（80）：23－25.

基础平台和物流信息平台；通过规范市场秩序，建立快速、准时、多样化服务的市域配送体系、高时效的区域运输服务体系。与南京、苏锡常、徐州等省三大重点物流区域形成衔接、互补、协作的地区性物流中心。

## 第三节　盐城铁路建设赋能盐城经济增长的路径建议

从“地无寸铁”，到新长铁路，再到连盐铁路、徐宿淮盐铁路，以及新开通的盐通铁路，盐城织就“一横三纵”高快铁路网，盐城铁路走过了20多年的发展历程，如今，盐城通往北京、上海、南京、杭州、西安、青岛方向的高速铁路网基本形成，盐城发展新空间得到前所未有的拓展和延伸①。要优化盐城铁路经济发展，推动盐城铁路建设高质量前行。

第一，在铁路结构优化与投资建设上寻求新突破。一方面，要补齐铁路交通领域的短板。针对盐城市铁路建设滞后于经济发展这点，盐城市需要加大对铁路交通建设的投入力度，提升铁路交通与区域经济的协调水平。通过增加铁路就业人员数、旅客周转量，优化铁路交通与区域经济的协调关系，从而推动周边区域经济的可持续发展。另一方面，要科学规划盐城市的铁路建设结构。在优化铁路结构上，需要配合“八纵八横”的规划，结合人力与资源流向，通过发展旅游业，建设城市标志性建筑车站，打造具备物流功能、商务功能、餐饮娱乐功能、居住功能的商务发展中心车站，增强铁路交通发展对区域经济的影响。

第二，在铁路运输物流产业上寻求新突破。以铁路物流基地为平台，重点建设仓储系统和配送系统，实现公路铁路联运或者海路铁路联运乃至多式联运。铁路的开通将会挤压汽车客运市场，特别是盐城市长途汽车班线将会受到巨大的冲击，在一定时间内会使得运输市场的运输能力过剩。要使客运市场有序平稳过渡，就需要政府引导公路客运交通与铁路交通展开差异化竞争。在提高铁路交通运载量的同时，完善城乡公交系统以及城市公交系统，使公路客运更为便捷。

第三，用铁路建设推动增长极的培育。盐城市应借助综合交通枢纽地

① 盐城高铁时代“呼啸而来”[N]. 盐阜大众报，2020-12-29.

位进一步强化的契机，加快把盐城市建设成国际性海港中心城市。在高新技术产业、港口物流、装备制造、商务会展、金融、技术研发及专业服务机构等方面，着力增强中心城市的辐射带动能力。根据铁路站点设置和线路走向，规划布局一批特色开发园区，进一步推动发展资源向园区集聚。在沿海产业带，加快建设响水港区、滨海港区等，培育按产业链分工的特色产业园，为重大项目配套和产业带开发服务的创业园等。在淮河生态经济带，加快建设出海门户城市，规划建设新兴都市型工业园、资源开发产业园等。利用高速铁路带来的新时空效应，着力推进与长三角高等院校、科研院所、高新技术企业的对接转化工作，加快建设科学技术成果转化基地和资源加工转化基地。在港口、物流、商贸等方面，加强针对周边地区、南北两大发达区域和广大中西部区域的市场开发，挖掘新的市场增长空间。

## 第四节　小　　结

随着生产力水平的日益提高，铁路逐渐成为沿线地区生产力布局及区域经济开发的重要组成部分，铁路线的建设将会对沿线区域经济和社会发展及环境产生重大而深刻的影响。张艳艳等[①]研究表明，交通基础设施与经济增长呈现显著的倒 U 形关系，交通基础设施投资的增加显著促进了区域经济的增长。在铁路交通与城市房地产价格的相互影响方面，张铭洪等[②]基于京沪铁路沿线的 13 个城市的楼盘数据研究发现，在铁路建设期间沿线地区的房地产价格明显提升，铁路交通与房地产业有协调发展的趋势。在铁路建设与区域经济的协调关系实证方面，王志凌等[③]通过构建 VAR（向量自回归）模型发现铁路交通与经济增长间保持着长期稳定的动态均衡关系。刘勇政等[④]基于 2000—2013 年 280 个地级市的面板数据，

① 张艳艳，于津平，李德兴．交通基础设施与经济增长：基于“一带一路”沿线国家铁路交通基础设施的研究［J］．世界经济研究，2018（3）：56－68，135.

② 张铭洪，张清源，梁若冰．高铁对城市房价的非线性及异质性影响研究［J］．当代财经，2017（9）：3－13.

③ 王志凌，潘丽娟，罗蓉．铁路建设与经济增长之间的动态关系研究——以贵州省为例［J］．经济问题探索，2017（7）：135－140.

④ 刘勇政，李岩．中国的铁路建设与城市经济增长［J］．金融研究，2017（11）：18－33.

运用双重差分法检验铁路交通对区域经济增长的影响，研究发现铁路交通建设不但有利于区域产业结构的调整，同时加快了城镇化进程。

本章研究了盐城铁路建设对盐城经济发展的影响，正是由于新长铁路的开通，打开了盐城对外联系的新通道，开启了盐城铁路建设快速发展新时期，为推动盐城区域经济振兴奠定了交通基础条件。

与公路相比，铁路出行舒适度高。就运输成本而言，铁路运输成本较低。与航空业相比，铁路的安全性和守时性一直受到人们的称赞。长久以来，盐城由于地质的原因，对铁路建设并不重视。面对铁路建设新时代和区域一体化进程，盐城铁路建设成为盐城现代综合交通运输体系建设的最突出短板。党的十八大以来，盐城加快铁路建设，积极对接北京、上海和南京，由落后的铁路地带快速迈入高铁新时代。特别是 2018 年以来，盐城的高铁建设步入快车道，南通高铁的建设，使得盐城到上海的时间缩短为一个半小时。铁路建设彻底改变了盐城的区位，推动盐城由偏僻落后的地区迈向中心区域。目前盐城在铁路建设推动下，已经成为江苏重要交通枢纽，中国沿海交通枢纽。这一区位的改变，将为盐城实体经济发展提供巨大的空间。盐城将利用后发优势（如劳动力优势、土地优势），吸引更多产业、资金、人才、项目、园区集聚盐城，拉动盐城经济增长。

# 第六章

# 高铁建设对盐城经济高质量发展的影响*

随着社会的不断进步，人们对交通工具的运输速度和规模需求都不断提高，由于高铁自身具有的经济效益和社会效益恰巧满足了人们的这种需求，所以亚洲、北美洲和欧洲等许多国家和地区纷纷开始兴建或者改建高速铁路。1964 年日本新干线的正式通车运营，标志着高速铁路正式进入了大众的视野，高铁的出现对铁路运输的发展来说是一个重大的突破，同时也是铁路发展过程的一个重要里程碑。

中国高速铁路的建设要追溯到 2004 年的《中长期铁路网规划》。2008 年 8 月 1 日，中国第一条高速铁路——京津城际高速铁路正式通车，该铁路的设计时速达到了 350 公里。2008 年制定的《中长期铁路网规划》规定，到 2020 年，铁路运营里程和高铁建设里程分别达到 12 万公里和 1.6 万公里以上，并且将“四纵四横”作为高铁建设的重心，构建快速客运网的主要骨架，逐步实现客流和货物的分线运输。“四纵四横”作为高铁路网的主心骨，它的建成是中国高速铁路发展史上的一个里程碑，它不仅让各个城市的通行变得便利，而且联系了全国的经济脉搏，由高铁带来的经济效应也日益显现出来。城市之间的可达性得以提升，相邻省会城市之间两小时达、省内城市群一小时达的高铁经济圈正在形成，打破了地域的限制，增加了城市之间的通行效率，使城市之间资源能够共享，带动经济共同增长。

2018 年 12 月 26 日，盐城至青岛段铁路正式通车，盐青铁路段开始

* 本章合作作者张昕滢。

运营。这标志着盐城正式进入高铁时代。盐青铁路是中国“四纵四横”交通网中重要的一个部分，整体呈南北走向，南至盐城，北至青岛。它主要由青连铁路和连盐铁路两个部分组成，随着高铁建设，青盐铁路将与盐通铁路和沪通铁路无缝接轨，成为连接山东半岛、上海和江苏省三个沿海地区的快速铁路通道。2020 年盐通铁路开通后，一举改写了盐城市多地没有客运火车的历史。

## 第一节　盐城高铁建设历史脉络

盐城处于沿海发展北向轴线，向北连接青岛、连云港，向南连接上海，盐城高铁建设选择将接轨大上海、融入长三角作为发展战略。

### 一、青盐高铁阶段

2014 年 2 月，青连铁路开工建设，2018 年 6 月，合并连盐铁路和青连铁路为青盐铁路，2018 年 12 月，青盐铁路开通运营。青盐铁路连接山东省和江苏省，北从青岛北站引出，南至盐城北站，全长 428.75 公里，向北可直抵北京，只需 6 小时 47 分，向南直达上海，时速达 200 公里，途经 19 站，在盐城境内约 105 公里，设响水县、滨海港、阜宁东、射阳 4 站，是“四纵四横”高速铁路网第一纵沿海通道北段的组成部分之一。青盐铁路的开通，意味着盐城迈入高铁时代，结束了日照、连云港、盐城三地不通车的历史，促进日照、连云港、滨海港、射阳等城市的发展。青盐铁路客货运共线，最短 185 分钟到达青岛，沿线港口货物运输实现由公路向铁路的转变，便捷内地与沿海港口货物的运输。铁路开通初期，就安排了 30 对直达和直通货物列车。青盐铁路向北连接济青高铁、青荣城际铁路，向南与盐通铁路、沪通铁路连接，成为山东半岛经过江苏省沿海三市（南通、盐城、连云港）到上海的快速通道。青盐铁路的建设有利于构建南北铁路运输通道，有助于完善我国东部地区铁路运输网，密切沿海城市之间联系，提高东部沿海地区发达程度。

### 二、徐宿淮盐高铁阶段

2015 年 2 月 12 日，国家发改委发布了《国家发展改革委关于新建徐州至淮安至盐城铁路项目建议书的批复》，同意新建徐宿淮盐高铁方案。徐宿淮盐铁路是京沪高铁向南路段重要的分流通道，也是连接苏北和苏南最便捷的通道，已经纳入《长江经济带综合立体交通走廊规划（2018—2035年）》，同时也是江苏省“四纵四横”铁路格局的重要组成部分。徐宿淮盐铁路将陇海铁路以及京沪高速铁路相连接，路过徐州、睢宁、宿迁、泗阳、淮安、阜宁、建湖，最后西至盐城，全长大约314公里。设计时速大概为250公里。徐宿淮盐铁路由徐州东站引出至盐城站，为客运专线，全程最少只需1小时57分，途经9站，在盐城境内约74公里，设阜宁南站、建湖站、盐城站3站，是江苏省“四纵四横”高速铁路网中横跨苏北腹地的重要一横。路过13个镇，40个行政村，共设3个站。其中新建铁路线北接连盐铁路，向南经过亭湖区、大丰市、东台市，经南通接上海，设计时速200公里。这一高铁的顺利建成，对于优化整个苏北地区乃至整个江苏省的铁路交通网络具有重大的意义，不仅缩短了苏北到达南边的时间，节省了时间成本，也带动苏北融入长三角经济圈，有利于区域经济发展，为苏北地区的发展明确了方向，可以利用长三角城市群的关系促进城市间的合作发展。徐宿淮盐铁路的建成可以使盐城市居民经新长、沪通铁路南下上海，或从徐州北上，最快仅四个半小时即可抵达北京。徐宿淮盐铁路连接苏北五市中徐州、宿迁、淮安、盐城四市，是江苏地区的“金腰带”。徐宿淮盐铁路对于盐城来说，可使盐城更好地充当上海腹地，与盐通高铁形成徐宿淮盐通沪通道，这些通道具有京沪高铁第二通道功能。

## 三、盐通高铁阶段

2017年10月，中国铁路总公司、江苏省政府批复新建南通至盐城铁路初步方案，2018年，盐通铁路正式施工建设，2020年底完工。盐通铁路连接盐城、南通两市，北由盐城站向南引出至南通西站，全长156.6公里，时速达350公里，途经6站，在盐城境内约90公里，设大丰站（新建）、东台站2站。盐通铁路是“八纵八横”第一纵沿海铁路的重要组成部分。

盐通铁路串起沿海大通道，是构成“长江经济带”重要战略的交通内容，南联沪通铁路，北联徐盐高铁，缩短长江以北地区到上海的时间距离，成为盐城通往上海、苏南快捷便利的通道，同时与青盐铁路、南沿江城际铁路和通苏嘉甬城际铁路连接，成为徐州到上海的另一快捷通道。盐通铁路作为京沪二通道建成后，盘活了上海东站，上海东站将从单一服务于北沿江变为服务大半个中国，将比京沪高铁更有优势。盐通铁路可以改善江苏东部地区的交通条件与投资环境，为江苏沿海开发战略提供强有力的运输保障，完善长三角地区城际网布局。盐通客运专线作为沿海铁路快线的重要组成部分和京沪高铁徐州以南的辅助通道，全长 350 公里，其中盐城至南通平东段约 155 公里。“十三五”规划期间，盐城高铁向北、向西、向南几个方向相继建成通车，盐城逐步确立其在江苏铁路运输枢纽中的地位，推动江苏沿海地区加快融入长三角。

### 四、盐泰锡常宜铁路阶段

2019 年 1 月，国家发改委同意江苏省沿江城市群城际铁路规划，盐泰锡常宜铁路属重点项目，2020 年底开工。盐泰锡常宜线由盐城南站引出至宜兴市，全长 302 公里，时速达 350 公里，途经盐城、泰州、无锡、常州 4 市，盐城境内约 33 公里。盐泰锡常宜铁路从北向南穿越苏北、苏中、苏南，跨越淮河、长江两大流域，在南端与宁杭高铁接轨，成为盐城至南京用时最少的高铁通道，从盐城前往苏南无须再绕道南通。同时，盐泰锡常宜铁路流入更多的人流、物流到江苏，推动江苏经济发展。随着“5＋1”（通往北京、上海、杭州、南京、青岛、西安）高速铁路网的建设，盐城已成为江苏铁路建设的主要战场，到无锡、杭州、苏州等长三角中心城市时间缩短 2/3 以上，盐城融入上海、苏州 1 小时经济圈，南京、杭州 1.5 小时经济圈。盐城高铁建设有利于完善西部交通运输体系，优化苏北交通运输体系，使其真正意义上融入长三角经济圈。

## 第二节　盐城高铁建设对经济高质量发展的效应分析

### 一、高铁建设对经济发展带动效应的定性分析

#### （一）高铁建设促进了要素流通

高铁沿线将形成走廊产业经济带，有助于扩大地区的分工，尤为重要

的是，高铁提高了国内市场的统一性，各地区规划难协调的问题将迎刃而解，中国的城市和工业化进程从此加速。高速铁路陆续开通，使既有铁路通道能力弱地区的货运能力得到了较大释放，为实现货运增量、丰富货运产品体系、提升货运服务质量和更好地满足不同层次市场运输需求奠定了坚实基础，促进了经济社会发展。高铁经济增大了可达性强的城市的吸引力和凝聚力，从劳动力、企业发展、资源方面都有一定的聚集作用，同时可将这些资源进行二次利用和优化，在相关产业快速发展的同时可将资源和引力向周边区域辐射。此外，我国高速铁路以其高速、平稳、舒适的优良品质赢得了人民群众的广泛赞誉，有力促进了沿线区域经济发展，带动了相关产业升级，有力促进了经济社会的发展，改善了人民群众生活，以高铁为代表的中国速度为很多人带来了便捷惬意的生活体验，从“四纵四横”到“八纵八横”，极大地满足了日益增长的客运需求。寻常百姓的旅行计划突然多了起来，高铁通到哪里，哪里就成为旅游首选之地。高铁开通缩短了盐城—上海区域内的时间距离，从而减小了人才、资金、技术和信息等要素在经济圈内流动的摩擦，极大地消除了区际障碍。高铁开通能够推动就业、人口居住和城镇在空间上的结构性调整。

### （二）盐城高铁建设推动了区域经济同城化

高铁时代的到来，使得各城市之间的同城效应得到体现，同城化是指一个城市与相邻城市或其他城市，在经济、资源方面能够互相融合，彼此之间相互发展，优势互补，相辅相成，促进经济发展，提高人民生活水平。

高铁发展催生了一种新的经济模式——高铁经济，高铁相比普通列车的速度优势，相比民航的价格优势，大大扩大了人们的出行范围，丰富了人们的出行方式。这不仅影响到个人的出行、距离、置业的观念，还促进了旅游业、房地产业、商贸等服务行业的发展，并且还推动了新的商业模式的形成，催生了区域经济新模式。其带动效应加快了周边地区的经济发展，更加有利于实现城乡一体化发展。城市之间的交通越便利，合作就越频繁。盐城高铁的建设密切了盐城与其他城市之间的联系，高铁使沿线城市形成共同发展、资源互补的经济体，从而形成更具竞争优势的长三角城市群。盐城建设高铁，可以使盐城加入上海 1 小时经济圈，加深与长三角地区联系，为经济提供新的增长点，实现可持续发展。高铁的建设增加了跨城活动，经济一体化、通勤就业同城化、产业布局同城化、文化娱乐同城化，并在很大程度上改善了空间结构。盐城高铁开通后，大大缩短了去南京、无锡、上海等城市的时间，使盐城人民享受到大城市的资源。

### （三）盐城高铁建设加快了盐城对外开放

江苏盐城是交通枢纽潜力地区，青盐铁路已将环渤海经济区和江苏沿海经济区紧紧地连接起来。盐通高铁的建成，将盐城和上海也连接起来，随着徐宿淮盐、连淮扬镇等高铁线路接连建成通车，盐城由高铁网的“末梢”地带一跃成为“枢纽”之一，这对江苏沿海发展、长三角一体化以及淮海经济区发展、环渤海经济区融合等战略一起辐射下的盐城而言，是多重机遇的叠加。未来，盐城向北可以通过青连、京沪线直达北京，向南可以通过盐通、通沪线直达上海，北可以带动连云港，南可以依托南通的经济优势，西可以辐射苏北腹地。盐城将正式接入中国高速铁路网，加上盐城自身较强的经济基础，逐渐成为江苏沿海地区以及发展海洋经济的中心和龙头城市。放眼未来，在高铁的黄金通道上，让盐城地区及苏北城市加快融入长三角、珠三角、京津冀核心都市圈的步伐。盐城高铁带来苏北地区发展新机遇，在高铁的推动下，可以让经济以及其他方面处于相对弱势的盐城市加强与上海、南京、北京等经济发达城市在经济、信息方面的交流、互动，为盐城地区带来发展机遇。

### （四）高铁开通能够促进盐城旅游业和房地产业发展

高铁通过促进沿途城市的旅游业发展进而提高地区经济效益。高铁开通能够缩短交通运输时间。由于途经城市的可达性和通达性提升，地区的旅游机遇逐渐增加，旅游业的发展能够带动当地的第三产业，因此从长期来看，整个地区的经济得以提升。高铁开通很有可能是通过吸引游客和促进旅游消费进而带动中型城市的经济增长。高铁开通能够提高盐城市及周边房价。因为开通了高铁，使得途经的站点城市提高了通达性，区位优势有了明显上升，我国地大物博，相邻两个地级市的中心区域距离都很远。出行时乘坐的汽车、火车等传统交通工具，平均运行时速最高分别为 80 公里和 150 公里左右，汽车还经常面临交通堵塞等问题。飞机虽然快速便捷，不过因为每日班次相对较少、机场地理位置偏远等缺点，所以无法成为大众出行的最佳选择。而盐城高铁时速最快能达到 350 公里，班次密集，为人们的出行提供了极大的便利。高铁提高了城市的通达性，使沿线居民出行更加便利，最终带动这些地区房价的快速上涨。

## 二、盐城高铁建设对经济发展带动效应的定量分析

可达性通常使用简单的距离或者时间进行测度。在重力模型中使用GDP数据来测度可达性，是分析高铁对区域经济效益影响的常用方法，因为它不仅能够表达节点之间的空间关系和吸引力，同时能够比较区域经济发展的空间差异。本研究利用常用的可达性重力模型，选取GDP数据作相关分析。对城市人口、经济状况、高铁出行时间进行对比，以2018年为例，详见表6－1。

**表6－1　城市人口、GDP、出行时间**（2018年）

| 区域 | 城市人口（万人） | GDP（亿元） | 人均GDP（万元） |
|---|---|---|---|
| 盐城 | 824.73 | 5 487.08 | 6.65 |
| 北京 | 2 154.2 | 30 320 | 14.07 |
| 天津 | 1 561.83 | 14 104.28 | 9.03 |
| 徐州 | 880.2 | 6 755.23 | 7.67 |
| 宿迁 | 591.26 | 2 750.72 | 4.65 |
| 淮安 | 561.33 | 3 871.21 | 6.89 |
| 南京 | 696.94 | 12 820.4 | 18.39 |
| 青岛 | 939.48 | 11 741.31 | 12.49 |
| 通高铁前后出行时间变化（均值） | | | |
| 区域 | 未开通（分钟） | 开通后（分钟） | 节省时间（%） |
| 北京 | 762 | 380 | 50.13 |
| 天津 | 690 | 299 | 56.67 |
| 徐州 | 310 | 115 | 62.3 |
| 宿迁 | 140 | 70 | 50 |
| 淮安 | 118 | 40 | 66.1 |
| 南京 | 240 | 218 | 9.17 |
| 青岛 | 900 | 400 | 55.56 |

资料来源：中国城市统计数据及12306网。

$$可达性=PA_i \sum_j \frac{G_j}{I_{ij}\alpha}$$

式中，$PA_i$ 为城市 $i$ 的可达性，反映城市 $i$ 的吸引力；$G_j$ 代表城市 $j$

的 GDP（机会）；$I_{ij}$ 为出发地与目的地之间的出行时间，用来表达阻抗函数。根据学者已有研究，若研究区域较大，$\alpha$ 通常取值为 1，因此本研究中的 $\alpha$ 采用经验值 1。

$$\text{开通前可达性}=PA_i=\sum_j \frac{G_j}{I_{ij}\alpha}=\frac{G_{\text{北京}}}{I_{i\text{北京}}}+\frac{G_{\text{天津}}}{I_{i\text{天津}}}+\frac{G_{\text{徐州}}}{I_{i\text{徐州}}}+\frac{G_{\text{宿迁}}}{I_{i\text{宿迁}}}+\frac{G_{\text{淮安}}}{I_{i\text{淮安}}}+\frac{G_{\text{南京}}}{I_{i\text{南京}}}+\frac{G_{\text{青岛}}}{I_{i\text{青岛}}}=200.9412$$

$$\text{开通后可达性}=PA_i=\sum_j \frac{G_j}{I_{ij}\alpha}=\frac{G_{\text{北京}}}{I_{i\text{北京}}}+\frac{G_{\text{天津}}}{I_{i\text{天津}}}+\frac{G_{\text{徐州}}}{I_{i\text{徐州}}}+\frac{G_{\text{宿迁}}}{I_{i\text{宿迁}}}+\frac{G_{\text{淮安}}}{I_{i\text{淮安}}}+\frac{G_{\text{南京}}}{I_{i\text{南京}}}+\frac{G_{\text{青岛}}}{I_{i\text{青岛}}}=409.94081$$

通过上述分析可以看出，高铁对城市空间结构的重要影响是缩短时间距离。高铁不断地减少城市到经济中心的出行时间。可达性 $PA_i$ 越大，则说明居民选乘高铁比普铁具有更高的性价比，盐城高铁对于改善城市的可达性做出了贡献。高铁开通对经济发展具有增长作用，进而能够带动经济发展。盐城高铁开通能够提高地区可达性，缩短区域之间的时间距离，消除区域之间的交流障碍，促进人才、信息、技术以及资金的流动，并且优化资源配置，从而促进经济增长。

## 三、盐城高铁建设对盐城经济社会发展的消极影响

**1. 过道效应。**过道效应指的是人流、资金流、信息流等仅仅在当地经过，而并未参与经济运行，对当地没有产生任何效应，甚至在虹吸效应作用下本地的要素流向其他条件更为优越的城市。新经济地理学中认为，高铁开通将增强中心城市对沿途城市的经济聚集，也就是加快要素向中心城市聚集，从而导致沿途城市经济增长率下滑。高铁将打破区域龙头城市辐射力随距离而递减的“魔咒”，对盐城这样的三线城市意味着发展的良机。但高铁并非带来均等的机会，长三角各地应该彰显特色，优势互补。高铁机遇并不是普惠制，盐城既要依靠上海、杭州、南京这些大城市，借力发展，也要警惕自身的优质资源和高端利润被中心城市“虹吸”而去。如果盐城没有更好的公共服务、基础设施、人居环境、产业生态等，高铁也可能造成盐城本地人才、资本、技术等生产要素净流出。

**2. 马太效应。**马太效应是社会学家和心理学家常用术语，反映强者

愈强、弱者愈弱的社会现象。以京沪铁路为例，京沪铁路连接珠三角和长三角两大经济区，沿线的 7 个城市 GDP 占全国的 40%，其通车必然会使这些城市愈来愈强。现代管理学中木桶原理告诉我们，一个国家的整体发展状况，不要完全看经济发展水平较高的地区，还要看经济发展水平落后的地区。我国非均衡发展战略，给东部沿海地区的发展带来了巨大的活力，但客观来说拉大了东部与中西部地区之间的差距。高铁建设极大缩短了时间距离，沿线一些县市如响水县有机会借此摆脱边缘化地位，更好地接受珠三角核心区和海西中心城市辐射资源。盐城市下属县基本全通了高铁，但是有一些站的位置过于偏远，因此享受不到高铁带来的便利，如射阳站，这样就可能拉大城乡差距。高铁在短期内运营成本难以收回，亏损难以避免。高铁也会给一些传统产业带来一定冲击，盐城农业强，但如果招商引资过多，在工业化过程中将面临产业重组等一系列问题，并且随着产业转型，同行业之间竞争将更为激烈。

## 第三节　盐城高铁带动经济高质量发展趋势展望

盐城高铁建设，推动了盐城交通运输体系高质量发展，为盐城交通运输业发展增添了无穷的动力。高铁建设，让盐城区位劣势成为历史，盐城正成为江苏重要交通枢纽以及中国东部沿海地区交通枢纽。这对于盐城融入长三角城市群建设，推动盐城经济社会高质量发展，都是重大的历史机遇。

首先，深化城市功能谋划，增强盐城城区内联外拓能量。盐城是沪、宁、徐三大区域中心城市 300 公里辐射半径的交汇点，是江苏沿海中心城市，长三角新兴的工商业城市，是江苏“重点发展沿江、大力发展沿海、发展东陇海线”的三沿战略及“海上苏东”发展战略实施的核心地区，是“京沪东线”的重要节点，是国家沿海发展和长三角一体化两大战略的交汇点，盐城在区域经济格局中具有独特的区域优势。但是目前，盐城高速铁路对外通道能力不足，在已经迈入高速铁路时代的今天，盐城与周边主要城市尚没有城际铁路连接，目前铁路多是南北走向，缺乏东西向对外铁路通道。同时沿海港口也缺乏铁路集疏运专用线，不利于货物的运输。盐城市交通网络还有继续完善的空间。

其次，借鉴深圳市高铁的规划经验，系统推进高铁枢纽经济建设。一是按照枢纽标准进行创新设计和建设，提升枢纽站点的通达性。在实现与高铁、地铁、公交车站点无缝对接的基础上，进行地上、地面、地下空间立体式开发，增加地上和地下的垂直联系。要做好高铁站与城市交通路网对接规划，使高速铁路、公路客运、公交等线路和站点科学对接，努力实现零换乘、零对接。加快范台梁、阳新等外接高速公路的建设，强化盐城市的交通枢纽地位。二是推动高铁“公交化”运营，加快盐城与周边城市的同城化进程。三是强化城市配套功能建设，大力推进教育、医疗、演艺中心等公共服务设施的建设。四是规划建设高铁小镇。要以文商旅产业为引擎，集换乘居住、商务商贸、现代物流于一体，建设物流基地、电商园区、品牌总部、文创孵化器和主题购物公园等，使高铁小镇在城市间互通互补、跨区域经济文化交流中发挥先导作用，成为盐城市快速发展的助推器和力量源。五是加快构建高铁经济圈。围绕高铁塑造城市核心，强化高铁核心圈层功能集聚，打造“一心两翼、四区联动”的空间结构。

再次，加快产业发展，着力培育盐城新城市、新产业、新动能。江苏沿海地区将建设成我国重要的综合交通枢纽，盐城作为沿海地区重要的中心城市，构建铁路、高速公路、航空、港口四位一体的综合交通体系将显得至关重要。高铁作为一种新型快捷的交通运输方式，能够很好地满足区域经济对交通运输的要求。一方面要加快产业转型升级。本着与高铁经济相关联、与其他城区差异化发展的原则，要优化产业结构、加快产业转型升级，特别是要加快发展现代服务业，大力发展城市经济、物流经济和专业市场经济，增强盐城城市带的区域影响力。另一方面要加快构建高铁经济产业链。要充分利用高铁枢纽对产业发展与升级显著的牵引和辐射效应，探索“高铁＋人才/旅游/互联网”等模式，与房地产、现代商务、媒体广告等业态实现深度融合，打造有更大开放空间的高铁经济产业链。满足不同人群的需求，并营造良好的开敞空间和景观轴线，促进生产、生活和生态的融合，增强地方活力和人气，为城市更新奠定基础。

最后，加强城市建设效应，提升盐城中心城市能级。据研究，一个城市的城镇化率超过30％后，这个城市将进入高速发展时期。2010年盐城市的城镇化率就已达到了39.75％，而2019年城镇化率为64.9％，盐城城市进入高速发展期。盐城市急需新的发展动力来促进城市化进程。高铁的建设运行正好为盐城市的发展带来新的动力。高铁的建设提高了整个城市的道路质量，压缩了沿线城市间的时间距离，还能提升城市的景观风貌。盐城高铁的建设运行使盐城市的地位和地区影响力大幅提升，盐城市的公共设施将更加完善，对投资者来说会产生更大的吸引力。要加快建设新城。要依托现代综合交通枢纽，利用有利的自然生态条件，建设具有商务会展、旅游集散、文化休闲多项功能的新型城市综合片区、低碳生活生态宜居小区和现代服务商务新区，使盐城新城真正成为创新智慧城、乐活高效城、绿色生态城。

## 第四节　小　　结

王钰[①] 2019 年使用样本选择、统计描述、平行趋势检验等方法对高铁对沿线中小城市经济增长做出研究，发现高铁的开通增强了城市之间的区域联系，优化了区域内资源配置，加快了城市化进程，促进了一体化进程。张一帆[②] 2019 年研究了高铁对资源型城市经济转型的影响，理论分析出资源依赖导致要素挤出，通过 DID 模型研究了资源型城市高铁开发后的副作用。徐长乐等人[③] 2011 年基于沿线产业升级和城市规划重新布局视角，分别从大区域板块融合、旅游、房地产等方面进行高铁时代到来的区域影响和意义研究。陈翩[④] 2017 年首先对高铁建设对盐城经济发展的机理进行分析研究，再从城市建设、就业结构、同城化、节约资源四方面进行探讨并提出相应建议。刘莉文[⑤] 2017 年对比了高铁开通前后 266 个城市的平均出行时间变化，应用可达性重力模型，用可达性变化度量了高铁对中国区域经济影响的差异。

高铁是一个非常便捷的交通工具，相比于火车、汽车，速度上都会快

① 王钰．高铁对沿线中小城市经济增长的影响及对策研究［D］．重庆：重庆交通大学，2019.

② 张一帆．高铁开通对中国资源型城市经济转型发展的影响研究［D］．太原：山西财经大学，2019.

③ 徐长乐，郇亚丽．高铁时代到来的区域影响和意义［J］．华东师范大学学报，2011（3）：532.

④ 陈翩．高铁建设对盐城经济发展的影响研究［J］．统计与管理，2017（6）：323.

⑤ 刘莉文．高速铁路对中国城市可达性和区域经济的影响［J］．国际城市规划，2017（8）：127.

许多，因此，为了城市更好地发展，各地区都在尽量建设高铁，盐城也是如此。作为后来者，盐城高铁在引进、消化吸收和创新建设上取得了重大成就，正在做大做强以高铁为中心的交通枢纽，为盐城新城市经济圈提供强有力的交通支撑。不仅重塑了盐城经济地理格局，还为盐城融入上海、南京等发达城市提供了重大机遇。2020 年，盐通铁路提前建成通车。建成后，盐通铁路将和沪通高铁、青盐铁路和徐宿淮盐铁路打通，彻底打通苏北和上海及苏南的铁路运输网络，有利于地区之间的协调发展。盐城高铁建设运营对促进盐城甚至苏北地区社会经济发展、提升区域综合竞争实力有着重要的意义。从铁路建设历史上看，盐城是一个建设落后的地区。但是近几年，盐城抓住了高铁发展的大机遇，先后修建了几条重要高铁线路，加快了盐城对外开放的步伐，一改盐城封闭落后、发达地区特别是上海和南京人员不愿意来的困境。徐宿淮盐高铁成为江苏交通“金腰带”，南通铁路成为江苏高铁运行最快的铁路，时速达到 350 公里。盐城与上海接轨的步伐在加快，目前成为长三角中心区 27 个城市之一。上海产业向盐城转移速度在加快，一大批盐沪产业园区正在盐城兴建，促进了盐城实体经济发展。

# 第七章

# 国内航空发展对盐城区域经济开放的影响*

航空运输在促进地方经济发展中发挥着越来越重要的作用。航空运输业是我国运输产业中最主要的产业之一，在市场经济快速发展的同时，要大力发展航空产业，这是现代社会进步的必然要求。在城市交通基础设施建设的过程中，航空运输拥有着不可或缺的地位。由于交通运输行业的不断进步，机场的功能不断增强，促进了城市经济的发展。盐城南洋机场国内飞行航线逐步加密，对盐城经济社会各方面产生了显著的影响。

## 第一节　盐城机场建设历史脉络

### 一、新中国成立到改革开放前

1958 年，盐城机场正式建成，该机场是由原南京军区空军建立的。上海民航局在盐城设立了专门的“盐城县民用航空站”，这个航空站的建立让当地的居民在盐城以及南京之间的交通更加便捷起来。民航盐城站工程于 1959 年 8 月竣工，配有基本通信导航设备，1960 年 1 月 15 日正式通航，但是由于当时客流量极少并且航班的飞行时间不确定，所以在试飞一段时间后该机场于 1961 年 9 月停航①。一年后，江苏省政府批准撤销民航盐城站。此后 20 多年，盐城的民用航空事业一直处于中断状态。

---

* 本章合作作者是孙前与卞华燕。

① 侍国同．盐阜人飞翔三部曲——盐城联合航空公司经理蒋敬列访谈录［J］．江苏交通运输，1995（8）：30－31.

## 二、改革开放后到 2009 年江苏沿海开发战略提出

进入 20 世纪 80 年代后，盐城经济迅速发展起来，航空事业也适时兴起。到 1984 年，时任盐城市委书记杨明将发展盐城航空事业提案提请第六届全国人大二次会议审议，这在当时引起了人民群众的广泛关注。同年 8 月，国务院和中央军委同意民用盐城空军机场。1986 年 4 月 29 日，盐城民航复航，宁盐沪航线开通。此后，盐城民航业进入了正常发展的轨道。1986—1995 年，政府对延长航线的投资金额高达 7 000 万元。同时也新建了地区性的机场航站楼以及停车场，对机场跑道、滑行道、连接道路和塔楼等设施进行改造和新建。到 1994 年，整个航线开始安装着陆系统，盐城机场的基本设施已经逐步完善。航空公司 28 名员工全年内共完成了 120 次航班出行，运送旅客 1 万余人。据相关调查显示，其平均运载率已达 70%。1999 年，盐城民航站建成，开通到北京南苑、佛山、惠州等多条航线，2000 年，盐城机场正式加入中国民航，从此跃进了一个崭新的时代。

## 三、2009 年江苏沿海开发战略提出到党的十八大

在 2009 年 9 月 11 日，江苏省委、省政府在南京召开了江苏沿海地区发展的重要会议，对贯彻实施国家批准的《江苏沿海地区发展规划》做出全面部署。这一规划中指出了盐城的机场建设问题。随着江苏沿海开发战略的提出，相继开通香港—盐城—香港往返航线，昆明—长沙—盐城航线，桂林—温州—盐城航线，三亚—盐城—三亚往返航线。2010 年 8 月 31 日，国家正式宣布盐城机场边防检查站成立。

## 四、党的十八大至今

随着盐城经济快速发展，盐城机场建设需要进一步完善和发展。2012 年 12 月 29 日，盐城南洋机场免税店正式开始运营，这也是苏北地区第一家免税店。这家免税店的成立，填补了盐城地区免税店的空白历史，同时也促进了当地机场的快速发展。2014 年 2 月，开通了西安—盐城—上海航线，3 月开通了武汉—盐城—大连航线，12 月开通深圳—盐城—天津往返航线。近年来，盐城机场不断重建和扩大飞行区域和航站区，增加航

线，优化布局。运输规模不断扩大，旅客吞吐量逐年增加，特别是在2018年T2航站楼建成后，为当地经济发展注入了更多活力。截至2020年，盐城机场的航路点已增加到36个，创历史新高，覆盖了国内众多大型枢纽机场。主要航线已达到每天一班以上，每周飞行量达到470班。盐城南洋机场主营业务量见表7－1。

**表7－1　2015—2019年盐城南洋机场主营业务量统计**

| 年份 | 旅客吞吐量（人次） | 货邮吞吐量（吨） | 运输起降（架次） |
| --- | --- | --- | --- |
| 2015 | 851 990 | 3 005.7 | 8 842 |
| 2016 | 1 209 004 | 5 118.0 | 12 402 |
| 2017 | 1 302 974 | 5 539.6 | 13 121 |
| 2018 | 1 822 173 | 6 587.1 | 16 711 |
| 2019 | 2 090 304 | 8 684.4 | 19 099 |

资料来源：《中国民航统计年鉴2019》。

# 第二节　国内航空发展对盐城经济开放的效应分析

## 一、国内航空发展对盐城市产业结构升级的影响

航空枢纽是一个大型城市必不可少的公共设备。同时机场的建立也可以为当地创造更多就业岗位。机场的建立是资产的动态流动过程。它在一定程度上促进了经济的快速流动，同时也影响着市场经济的变化趋势。盐城产业结构变化见表7－2，外贸变化情况见表7－3。社会发展指标情况见表7－4。

**表7－2　盐城第一、第二、第三产业增加值**

单位：亿元

| 指标 | 2000年 | 2005年 | 2010年 | 2015年 | 2016年 | 2017年 | 2018年 | 2019年 |
| --- | --- | --- | --- | --- | --- | --- | --- | --- |
| 第一产业增加值 | 165.1 | 254.1 | 374.2 | 516.5 | 533.9 | 564.2 | 573.4 | 619.9 |
| 第二产业增加值 | 211.9 | 460.09 | 1 104.1 | 1 958.6 | 2 087.4 | 2 256.7 | 2 436.5 | 2 371.6 |
| 第三产业增加值 | 171.51 | 347.36 | 867.40 | 1 787.5 | 2 011.7 | 2 261.8 | 2 477.2 | 2 710.6 |
| 地区生产总值 | 548.6 | 1 061.6 | 2 345.7 | 4 262.6 | 4 633.0 | 5 082.7 | 5 487.0 | 5 702.3 |

资料来源：《盐城统计年鉴2019》。

**表 7-3　盐城 2000—2018 年外贸情况**

单位：万美元

| 指标 | 2000 年 | 2005 年 | 2010 年 | 2015 年 | 2016 年 | 2017 年 | 2018 年 |
|---|---|---|---|---|---|---|---|
| 进出口总额 | 37 725 | 143 460 | 395 477 | 811 930 | 795 054 | 865 276 | 954 948 |
| 出口额 | 27 466 | 87 045 | 231 916 | 512 395 | 473 843 | 584 055 | 603 064 |
| 进口额 | 10 259 | 56 415 | 163 561 | 299 535 | 321 211 | 281 221 | 351 884 |

资料来源：《盐城统计年鉴 2019》。

**表 7-4　盐城社会发展指标**

| 指标 | 2000 年 | 2005 年 | 2010 年 | 2015 年 | 2016 年 | 2017 年 | 2018 年 |
|---|---|---|---|---|---|---|---|
| 旅客周转量（亿人公里） | 48.60 | 58.39 | 125.37 | 83.30 | 81.23 | 70.57 | 67.74 |
| 货物周转量（亿吨公里） | 95.74 | 109.76 | 211.24 | 386.91 | 429.16 | 468.44 | 485.53 |
| 自营出口额（万美元） | 27 466 | 87 045 | 231 916 | 512 395 | 473 843 | 584 055 | 603 064 |
| 实际利用外资（万美元） | 19 269 | 16 183 | 130 355 | 79 519 | 70 669 | 78 862 | 91 314 |
| 接待境外旅客人数（万人） | 1.09 | 4.07 | 6.21 | 4.91 | 5.31 | 6.46 | 7.02 |

资料来源：《盐城统计年鉴 2019》。

机场航线铺设越密，与其他地区来往就更加方便，就更加促进对外开放。随着人民生活水平的提高，航空出行成为优选，旅游业也能得到更好的发展，接待境外旅客人数也会增加。据不完全统计，盐城航线的铺设可以为当地提供将近 800 个工作岗位，同时也能产生 1.3 亿美元的可观经济效益。

## 二、国内航空发展对盐城融入长三角一体化的影响

长三角城市群是长江中下游以及长江经济带的重要交通枢纽。长江三角洲区域一体化发展上升为国家战略，为新时代推进长三角地区合作与发展，以及完善中国改革开放空间布局指明了行动方向。充分把握长三角一体化发展国家战略机遇，不仅是江苏积极融入长三角一体化发展的必然要求，也是加快江苏省区域协调发展的重要一步、高水平全面建成小康社会以及建设“强富美高”新江苏的重大举措。随着全球经济一体化和国际分工协作体系日益发展，空港经济在国际经济浪潮中占据了愈加重要的地位。盐城南洋国际机场持续增加、优化国内航班线路，提升航空物流水平，推动盐城全面融入长三角城市群和上海 1 小时经济圈。近年来，盐城

市交通部门持续走好“两海两绿”发展路径，积极构建现代化综合交通运输体系，融入长三角，建设新盐城。作为苏北地区唯一入围长三角城市群发展规划的城市，盐城依托“北上海”飞地，正在与上海展开全方位合作，建设国家飞地经济示范区，全力打造“一区三基地”，目前已与上海合作共建了 16 个园区，与上海临港集团、光明集团等建立了战略合作关系。2011 年，盐城南洋机场利用上海浦东国际机场的航线资源，通过上海中转航线开通了 19 条国内转机航线，通向中国西南、西北和东南沿海的 18 个大中城市。盐城南洋机场利用上海浦东国际机场在航空资源上的优势，与航空公司积极沟通，研究过境转机业务计划，并最终开通了 19 条通过上海的国内中转航线。盐城的经济发展在江苏省内处于中下等水平，盐城开通至上海航线，能够密切与上海这个中国最发达城市的经济联系，国内航线的开通及加密能够为盐城区域经济振兴注入新的动力。

## 三、国内航空发展对盐城国内开放的影响

盐城土地资源丰富，生态环境优美，产业基础和配套条件好，机场国内航线的不断加密和拓展，使得至各地的时间距离大大缩减，发展潜力很大，加快了国内开放的步伐。新增南昌、珠海、桂林、延吉、大庆等 5 条航线，极大提升了盐城机场的通达性。2019 年 3 月 31 日夏秋航班换季后，盐城机场开通了一些新的航线，新增沈阳、北京、南京、天津、昆明、贵州、厦门、哈尔滨、石家庄、福州、兰州、乌鲁木齐、郑州、杭州、银川、宁波、成都、海口、大庆、延吉、珠海、南昌、桂林等境内 35 个航点。南洋国际机场每周有 400 多架次航班飞向各个省会城市，正在不断加密国内航班航线，全面缩短与国内各大城市的时间距离。盐城机场公司按照外向型经济发展战略，不断优化航线网络，围绕引进过夜运力、进而打造基地航空公司的战略，积极与各大航空公司开展对接合作，经过长期的努力与多次沟通谈判，盐城机场与东方航空最终形成共识，东方航空在盐城机场投放 1 架飞机运力，以后还将逐步增加运力投放。这在盐城民航发展史上具有里程碑意义，实现了盐城机场过夜航班零的突破。同时，机场设施的逐渐完善，使得盐城成为国内投资的优选之地，促进众多投资者来盐签约重大项目。

## 第三节　盐城机场建设促进盐城经济发展路径优化建议

盐城机场是一个新兴机场，还有诸多需要完善的地方。随着盐城逐步融入长三角一体化、经济实力的不断增强以及人民群众高品质生活的要求，对盐城机场建设也提出了新的更高的要求。盐城机场要进一步抓好基础设施建设，实现与公路、铁路、高铁、港口等其他交通运输体系的无缝对接，要继续加密国内航线，做大盐城机场规模，以机场建设为引领加快空港经济的形成。

第一，加强第二航站楼建设，促进盐城交通运输体系新发展。要进一步解放思想，深入研究机场战略地位，站位江苏省交通建设，找准自身发展坐标，超前谋划机场与高铁等交通方式的衔接，在确保安全出行的基础上发展好航空产业，以具有地区竞争力的航空枢纽为盐城高质量发展奠定坚实基础。盐城南洋机场第二航站楼（T2 航站楼）的建设将促进机场航线的增加，也将进一步促进盐城机场与其他大型枢纽机场之间的联系。T2 航站楼的建设将为实现交通“一张网”、城市一体化，进一步完善机场集疏运体系，打通市区与机场之间的快速通道提供先决条件，将有利于盐城地区航班资源的有效配置和最优利用。盐城南洋机场要以 T2 航站楼建成投运为契机，打造一流的航线服务系统。T2 航站楼的建成运营，将是南洋国际机场新的发展起点，也是盐城市构建综合立体交通集疏运体系的新标志。T2 航站楼的投运，将更大力度地集聚资源要素，同时也将进一步拓展盐城市对外开放的空间和格局，同步实施的机场环境综合整治，将使得周边区域整体绿化、美化、亮化水平得到进一步提升。

第二，继续加密航线，促进盐城与长江经济带等区域的交流。瞄准旅游性消费支出，重点打造至北京、深圳、上海和南京 4 条精品航线，进一步改善盐城及周边地区的航空通达性，为建设“强富美高”新盐城提供强有力支撑，为长三角区域发展提供新的动力源。盐城机场将新开银川航线，恢复杭州、海口、成都、温州航线，并对天津航线进行加密。目前，盐城南洋机场对内打通直达北上广深等 26 个国内主要城市航线，主要航线航班均达到每天 1 班以上，进一步扩大了盐城机场辐射力和影响力。民航是综合交通“一张网”中一个重要的节点，盐城南洋机场要积极增强民航在综合交通枢纽“一张网”中的作用，主动策应盐城作为长三角城市群苏北唯一大城市的航空发展需要，紧紧围绕服务地方经济社会发展和方便人民群众出行目标，不断优化航线网络布局。

第三，加快盐城空港经济区域的建设。空港经济区域的形成对整个飞机场的建设都起到一定的促进和推动作用。它在一定程度上对当地的经济情况会产生直接或者间接的影响，并且也影响着资本、技术、人力、物力等各方面生产要素的发展，所以要发挥空港经济区的最大优势。据相关调查结果显示，一个飞机场的建设或者是一个航空项目经过长期的发展，所带来的空间经济效益是十分可观的，如美国的孟菲斯机场和法国的戴高乐机场等。航线的加密使得盐城与国内各大城市经济来往密切，吸引了大量资本流入，带动了盐城机场周边经济发展，而第二航站楼的建设又完善了盐城交通运输体系，从而促进了盐城空港经济区域的形成。在空港经济的建设过程中，需要注意的问题是，要因地制宜，依照当地的特点来衡量其是否适合建设空港经济；要吸引关联性企业入驻，实现产业集聚和产业升级，从而促进区域经济实现跨越式发展。

第四，加强国内与国际、港台航线的对接，提高盐城对外开放质量。要在大力发展国内市场基础上加强对国际市场的服务，这样才能加大招商引资的力度。应着眼于东北亚，着眼于日本、韩国，着眼于我国香港、台湾地区，让周围发达国家和地区带动盐城航空运输事业发展。积极铺设加密到东南亚、日韩等地区的航线，保证能持续性开展经济交流。目前，盐城的大数据产业园已经有了一定规模基础，电子信息产业也实现了产业集聚，形成了上下游产业链，IT 电缆因海上风电而快速发展。盐城产业的快速聚集离不开机场建设的完善，机场建设越好，越能带动国内和国际项目投资，促进盐城对外开放，更好实现走出去、引进来的全面开放政策。

## 第四节　小　　结

陈倩燕[①]于 2019 年提出机场建设是经济增长的引致需求，会促进经

① 陈倩燕．论机场建设对经济增长的影响［J］．科技经济导刊，2019，27（22）：246.

济进一步发展且是经济发展的持续动力，机场建设与经济增长是相互积极影响的。赵路爽[①]通过分析机场建设与经济发展之间的关系得出，机场建设对经济增长的影响主要有直接影响（创造就业）、间接影响（拓展业务创造的就业岗位等）、诱发影响（进行了消费活动）、催化影响（吸引投资流入等）。张啸虎[②]通过理论分析和实证验证，深入地研究了机场与区域经济的互动发展问题。唐昀[③]通过研究机场发展和区域经济之间的相互关联程度，探讨机场与区域经济协调发展的新思路和对策。

本章通过梳理盐城机场建设历史，研究了一个地级市机场是如何逐步加密的，不断加密的航线如何促进了一个欠发达地区的经济社会发展和对外开放。研究发现，盐城南洋机场通过加密航线，极大促进了盐城经济对外开放的步伐，促进盐城融入长三角一体化进程，提升了盐城对外开放水平。

机场作为城市的重要交通节点，在城市交通基础设施建设中所起到的重要作用日益彰显。一方面，航空运输作为一项成熟的产业链为当地政府创造税收，航空运输带来了巨大的旅游收入。另一方面，城市也通过机场来提升吸引力。通过机场来吸引外商投资，加快城市经济融入国际化进程。在现代运输方式中，民航因快捷高效的特点，使机场成为优化对外开放经济发展空间格局的加速器、地区经济发展的晴雨表、区域经济发展的新引擎。近年来，盐城南洋机场不断改扩建飞行区、航站区，增加航线，优化布局，运输规模日益扩大，旅客吞吐量逐年攀升，特别是 T2 航站楼建成投运后，机场迎来了新机遇，也为地方经济发展注入了新活力。

① 赵路爽．机场建设对经济增长的影响［J］．成功营销，2018（11）：161．

② 张啸虎．机场与区域经济互动发展关联性研究［D］．南京：南京航空航天大学，2016．

③ 唐昀．机场规模与区域经济发展关联性研究［D］．南京：南京航空航天大学，2015．

# 第八章

# 盐城—我国台湾地区航线开通对盐城经济发展的影响*

现代交通运输体系中，航空运输凭借快速、安全两大优势成为国家战略性产业，航空运输的出现有助于加强地区间的经济交流，给当地市民的出行提供更多选择，给城市带来的经济效益日趋显著，一些欠发达地区把航空运输业作为城市的主导产业，以此提高经济实力。盐城—我国台湾地区航线开通后，很多台商看到盐城的发展潜力后前来投资，近七百家台资企业落户盐城。

## 第一节 盐城—我国台湾地区经贸往来与航线建设历史脉络

### 一、第一阶段（1949—1984 年），两地只有小额农产品间接贸易

王建民[①]在《海峡两岸农业交流与合作发展现状》一文中提到，盐城与台湾的农产品转口贸易始于 20 世纪 50 年代初，贸易模式主体是经香港的转口贸易。50 年代至 70 年代初，大陆与台湾之间的农业转口贸易发展缓慢，70 时代后，农业转口贸易开始快速发展，贸易额从 1970 年的一千万港元增长到 1978 年的两亿多港元，贸易总额增长二十多倍。这一时期，农产品在海上的“小额贸易”逐渐兴起，成为大陆和台湾新的贸易方式，

* 本章合作作者吴丹。

① 王建民．海峡两岸农业交流与合作发展现状［J］．海峡科技与产业，2005（3）：10－16．

交易初期，大陆对台湾出口的产品主要是土特产、水特产，例如黄花菜、中药材、茶叶、烟等，当时的台湾与大陆政治关系紧张，台湾当局把这一贸易方式视为“走私”，不认可“小额贸易”的合法性，并且严格控制贸易种类，限制正规渠道的两岸农产品贸易，这一措施导致贸易额大大减少，阻碍了两岸农产品贸易的正常发展。可以看出，这一时期两岸农产品贸易依旧处于民间非正式的贸易阶段，在这种贸易环境下，盐城与台湾的农产品贸易很难发生大的飞跃，只有政治关系缓和才能改善两岸农产品贸易的这一现状。这一阶段，盐城与台湾农产品贸易规模小、发展慢、受到限制。王建民分析得出：1981 年，江苏从台湾进口的贸易总额是 197 万美元，对台湾出口为零，这一时期主要发展农产品的间接贸易，随后两年，贸易终止，江苏和台湾两地的贸易在 1984 年重新发展，交易方式仅为江苏从台湾单向进口。此时，盐城没有民用航空机场，与台湾没有通航。

## 二、第二阶段（1985—2009 年），盐台两地经贸合作加强

随着两岸政治关系的缓和，台湾对大陆实行开放政策，每年从大陆进口大量产品，其中农产品数量最多。

张玉冰[①]研究苏台经贸关系时指出，两地在 1989 年开始双向贸易，同年江苏对台湾出口额 33 万美元。江苏和台湾地区的贸易规模在 1990 年之后不断扩大，2005 年底，江苏省对台湾出口产品总额为 48.68 亿美元，从台湾进口产品总额为 211.44 亿美元。1990—2005 年，江苏对台出口每年增加 58.21%，从台湾进口每年增加 65.55%，贸易总额平均每年增长 63.71%。徐逸桥[②]运用 SPSS 软件分析 1997—2000 年江苏省与台湾之间贸易发展的状况，数据显示，江苏对台湾的贸易额在逐年增加。从以上研究中可以看出，苏台贸易额逐年增长，20 世纪 90 年代初苏台贸易达到高峰期，在 90 年代末，趋于稳定状态。2009 年沿海开发战略提出后，盐台两地经贸合作更加默契，每年近十万名台湾同胞来盐城旅游，很多台商来盐城投资创业，开发了许多产业项目，为盐城经济增长注入活力。

① 张玉冰．江苏与台湾经贸关系发展研究［J］．江苏商论，2007（8）：6-8.

② 徐逸桥．江苏与台湾间贸易和对台贸易港口功能定位［J］．中国港口，2003（8）：27-28.

1984 年，在第六届全国人民代表大会二次会议上，恢复并开通盐城民用航线这一提案被认可，中国民航总局同意再次建立盐城民航站，1986 年 4 月底，盐城南洋机场重新通航，盐城的民用航空事业开始走上正轨，这一时期，盐台之间仍然没有通航。

## 三、第三阶段（2010—2012 年）

2011 年 9 月 7 日，南洋机场正式开通盐城—台湾航线。台湾桃园机场飞往盐城南洋机场需要两个小时的飞行时间，两地航线的开通是盐城航空运输事业的突破，大陆飞往台湾的直航城市中，唯独盐城没有受到航季、航权的限制，盐城是江苏第四个开通台湾航线的城市。从表 8－1 中可以看出，盐城飞往台湾的航班每天最多一个班次，一周总计四个班次，班期分别是周一、周二、周三、周六。

**表 8－1　2011 年 9 月 7 日盐城—台湾飞行航班**

| 航线 | 班期 | 航班号 | 离站时间 | 到站时间 |
|---|---|---|---|---|
| 东方航空公司 | | | | |
| 盐城—台北 | 首航（9 月 7 日） | MU2971 | 17：00 | 19：00 |
| | 每周一 | | 15：40 | 17：40 |
| 台北—盐城 | 首航（9 月 7 日） | MU2972 | 20：00 | 22：00 |
| | 每周一 | | 13：05 | 14：55 |
| 华信航空公司 | | | | |
| 盐城—台北 | 首航（9 月 7 日） | AE952 | 17：00 | 19：20 |
| | 每周三 | | 17：00 | 19：20 |
| | 每周六 | | 19：35 | 21：55 |
| 台北—盐城 | 首航（9 月 7 日） | AE951 | 13：15 | 15：30 |
| | 每周三 | | 13：45 | 16：00 |
| | 每周六 | | 16：20 | 18：35 |
| 立荣航空公司 | | | | |
| 盐城—台北 | 首航（9 月 7 日） | B7130 | 17：00 | 19：15 |
| | 每周二 | | 17：55 | 20：10 |
| 台北—盐城 | 首航（9 月 7 日） | B7129 | 13：30 | 15：45 |
| | 每周二 | | 14：40 | 16：55 |

资料来源：http：//news. cacs. net. cn/html/20110824/103440. shtml。

### 四、第四阶段（2013年至今）

党的十八大以后，盐城市政府和台湾航空公司在开通两地航线的问题上达成了共识，2014年，台湾立荣航空公司增加了周五航班，这样一来，每周从台湾飞往盐城的航班总计是六个班次，为旅客出行提供了便利。在这一基础上，南洋机场公司和大田国际物流公司在2015年签订协议，从盐城到台湾的包舱货运全部由物流公司承包，一方面提升了南洋机场的货运品质，另一方面增大了南洋机场的货运吞吐量。2018—2019年盐城—台湾航班时间见表8-2。

**表8-2　2018—2019年盐城—台湾航班时间**

| 执行时间 | 航线 | 航班号 | 班期 | 机型 | 起飞时间 | 到达时间 |
|---|---|---|---|---|---|---|
| 2018年 | 盐城—台北 | AE952 | 4 | B738 | 18：15 | 20：25 |
|  | 台北—盐城 | AE951 | 4 | B738 | 15：00 | 17：15 |
| 2019年 | 盐城—台北 | MU2723 | 1 | A320 | 13：40 | 15：40 |
|  |  | AE952 | 4 | B738 | 18：15 | 20：30 |
|  | 台北—盐城 | MU2724 | 1 | A320 | 10：50 | 12：50 |
|  |  | AE951 | 4 | B738 | 15：00 | 17：15 |

资料来源：http：//sohu.com/a/303929051_100187971。

## 第二节　盐城—我国台湾地区航线开通对盐城地区经济效应分析

### 一、促进了盐城农业和工业的发展

经济学家俄林和赫克歇尔研究发现，一个国家生产要素的充裕程度决定了生产不同产品时具备的比较优势，换言之，可以利用具有本地优势的生产要素或者产业，与其他区域进行贸易或交换，以此提高经济实力。随着两岸政治关系缓和，盐城和台湾地区开始进行贸易往来，交易初期，盐城向台湾出口的农产品只有水特产和土特产，如黄花菜、烟等，南洋机场开通盐城—台湾航线后，双方贸易次数增加、规模扩大，如今，盐城向台湾出口的农产品种类繁多，如玉米、大豆、西瓜等。盐城利用自身农业发展的优势，大量出口农产品，一方面，满足了台湾地区进口大陆农产品的需求，另一方面，给种植农产品的盐城人创造收益，提高本地经济水平。两地航线的开通还为盐城的工业发展带来了机遇，促进盐城市产业升级，很多中小企业着重发展计算机及其他电子设备制造业，生产出的产品数量逐年增加，盐城的高新技术产业加快发展。

## 二、促进了盐城教育的发展，有助于引进人才

从古至今，盐城与台湾都有许多往来。盐城与台湾航线开通后，盐台高校之间相互委派老师、学生访问学习，两地在教育发展上交流频繁。就盐城师范学院来讲，有 9 名台湾教师于 2018 年前来任教，台湾教师的渊博知识和丰富的教学经验，给盐城师范学院教师队伍注入了新力量。每年都有从盐城去台湾的交换生，也有特地从台湾飞往盐城举办教育交流会的学者，双方围绕学术研究、教师培训研修等话题展开讨论，这种互换教育理念的方式推动了盐台两地高等教育的深入发展。

## 三、吸引台商向盐城投资，增加了盐城的就业机会

盐城资源丰富，拥有江苏省最长的海岸线，是一个新兴工业化的城市。与台湾航线顺利开通后，来盐城旅游、访问的台湾同胞日益增多，看到盐城的发展潜力和城乡面貌的改变后，台商前来盐城投资产业项目，盐城与台湾开展经贸洽谈后，签约了很多重要产业项目，有近七百家台资企业在盐城创办。

台湾的现代农业、电子信息等产业属世界一流水平，台商利用盐城廉价的劳动力、土地，在盐城创办企业、开拓市场，同时为盐城引进先进的技术，盐城给台企提供广阔的发展空间。台商在盐城创办企业时，需要在本地招聘大量的工作人员生产产品，这为盐城提供了就业机会。台资作为盐城重要的外资，是推动盐城建设开放型经济城市的催化剂，也是促进盐城与国际接轨的重要力量。近几年，台资不断注入盐城，盐城利用这些外资，重点发展服务业、金融业等，提高自身实力。由图 8－1 和图 8－2 可知，2013—2018 年盐城市合同台资额总体呈上升趋势。由图 8－3 可知，2016 年盐城从台湾地区进口商品总额达到峰值，总计

25 229 万美元，2013—2017 年盐城向台湾地区出口商品总额总体呈增加趋势。

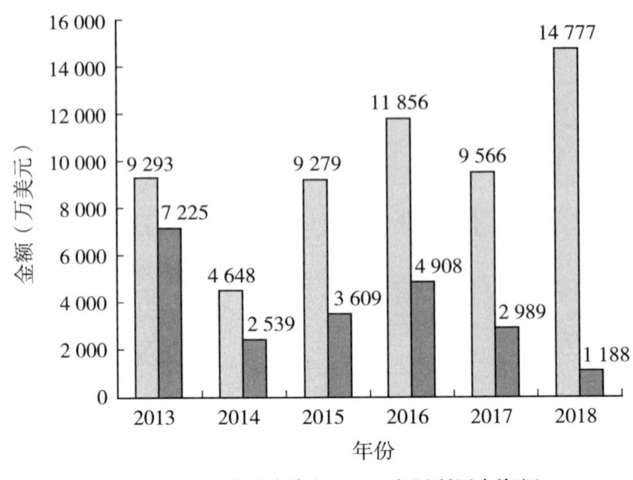


图 8-1　2013—2018 年盐城市台资注入情况

资料来源：2014—2019 年《盐城统计年鉴》。

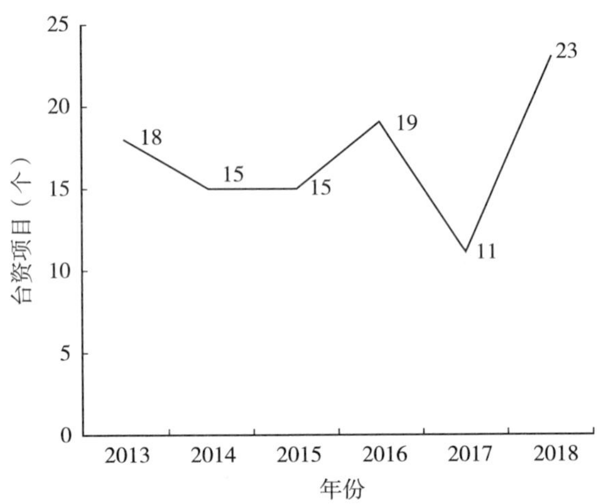


图 8-2　2013—2018 年盐城市台资企业项目情况

资料来源：2014—2019 年《盐城统计年鉴》。

航线开通带来的不只有人口往来和货物流动，还有从台湾地区引进的技术、带来的信息等，盐台直航为盐城融入亚太经济圈奠定了基础，改善

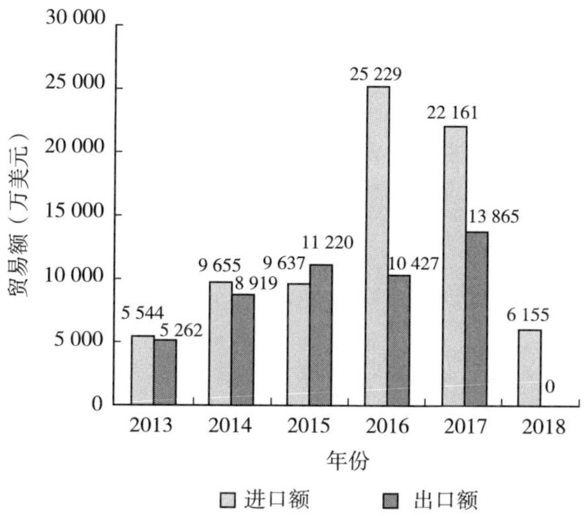


图 8-3　2013—2018 年盐城市与台湾贸易情况

资料来源：2014—2019 年《盐城统计年鉴》。

了盐城交通运输的通达性，有利于盐城与周边地区的交流合作，提高自身发展水平。

## 第三节　盐城—我国台湾地区航线未来发展展望

第一，要进一步加密盐城—台湾航班。盐城与台湾航线的开通，不仅为盐城当地带来诸多利益，也为大陆和台湾的合作发展建立了桥梁，在此基础上加强盐城与台湾的交往和联系，仍需要做出很大努力，盐城南洋机场应该利用一类口岸的优势，加密盐城—台湾的航班。人民收入日益增加，消费水平也随之提高，出境旅游已经成为新时期人们享受生活的方式。台湾地区景点多，旅游业发展成熟，两地航线开通后，越来越多的盐城人前往台湾观光旅游，而盐城飞往台湾的航班并不多，南洋机场应改善现状，增加到台湾的航班，打造出带有盐城特色的精品航班，促进市民到台湾旅游，开阔眼界，加深两岸人民的友谊。

第二，积极引进台湾高端人才。盐台航线开通后，很多台湾籍教师来盐城高校任教，这对盐城的教育、文化等方面产生了深远的影响。作为欠发达地区，引进高层次人才本就困难，盐城要紧紧抓住机遇，引进台湾高端人才，强化盐城教育发展。政府可以采用“以才引才”的方式，聘请台湾人才，通过他们的人际关系吸引台湾同胞来盐城交流合作，并定期举办盐台座谈会。盐城高校的教职工可以一起组团去台湾地区参观学习，一方面开阔眼界，另一方面让更多人了解盐城，吸引台湾籍教师来盐任教。此外，对于台湾籍人才在盐城落户、工作等，政府要制定相关政策给予优惠。

第三，支持盐台通航机场建设，加大招商引资力度。盐台两地的通航让更多台商来盐城投资，创办企业，直接推动了盐城经济的发展。有好的引导才有好的发展，盐城应及时制定发展规划，支持盐台通航机场的建设，加大对外招商引资的力度。可由政府在环保、用地和规划方面给通航企业优惠，鼓励企业自主建设、自主经营基础设施，政府还要出台盐台航空资金补助、税费减免等扶持政策。

第四，利用盐台贸易改善传统产业。盐城与台湾地区航线开通后，贸易规模逐渐扩大，保持稳定持久的贸易关系至关重要。台湾的制造业、纺织业等发展较早，盐城与台湾地区具有贸易互补性。目前台湾地区已经进入高新技术产业和现代服务业大发展时期，盐城应积极引进台湾同产业的新技术，提高产品的市场竞争力，增加盐城对外贸易的总额。近几年，随着盐台贸易次数的增加、台商来盐城投资增多，台商为盐城带来电子信息、现代农业、健康产业方面新的先进的技术。新贸易理论鼓励政府扶持具有技术外溢效应的产业，这类产业的发展对提高盐城经济效率会起到积极作用，并能带动相关产业的技术进步，政府应大力支持台湾对盐城新兴产业的投资，强力拉动盐城产业转型升级。

## 第四节　小　　结

航空运输具有时效快、安全性高等特点，它的出现为市民出行提供了极大的便利。改革开放后，为提高经济实力、缩小与其他城市的差距，盐城重点发展航空运输业，对盐城的经济发展有深远影响。盐城与台湾地区有着深厚的人脉关系，是第四个开通台湾直航航班的空港城市。国内外学者在研究过程中，都从定性和定量两个方面入手，证实了航空运输业发展会带来经济增长、加强对外交流的积极效应。大量研究结果显示，民航运输业作为一种新型产业，未来会成为城市经济发展的引擎，对国际间的经济贸易影响深远。本章从梳理盐城市和台湾开通航线的历史出发，探究两地开通航线后对盐城地区的影响。研究发现，盐城和台湾航线的开通吸引大量台商来盐城注资、创办企业，促进了盐城农业和工业的发展，有助于盐城高校引进台湾人才，整体上提升了盐城城市综合素质。

# 第九章

# 盐城—韩国航线开通对盐城区域经济发展的影响*

21世纪以来，随着经济全球化与区域经济一体化进程加速，国际航空客货流量迅速增长，航空运输在各个国家间的远程运输联系尤其是客运中发挥着越来越重要的作用，逐步成为各国间政治经济交流的主要工具以及社会交流的主要载体。“一带一路”建设将使我国与周边国家逐渐形成政策沟通、道路连通、贸易畅通、资金融通和民心相通的全方位对外开放新格局，民航运输业对其形成具有重要作用。在现代化的交通运输方式中，飞机最为便捷、高效、灵活，航空运输业的发展有利于优化对外开放经济发展空间格局、促进区域经济发展。盐城位于江苏沿海和我国东部沿海地区。盐城与韩国航线的开辟，对于加强盐城与韩国的通商往来，密切盐城与东北亚经济圈的联系，盐城融入“一带一路”倡议，具有深远的历史意义。

## 第一节　盐城—韩国航线建设的历史脉络

### 一、盐城—韩国客运航空的发展过程

#### （一）改革开放到2009年江苏沿海开发战略提出

中国民航的大发展，始于我国改革开放伊始。改革开放初期，经济体制改革加快推进，政府对交通运输市场化进行了深入的推进。1986年4月29日，盐城南洋国际机场恢复通航，1988年盐城民用航空业步入正

---

* 本章合作作者是孙怡和孔璐。

轨。2004 年 4 月 8 日，东航空客 A320 临时包机成为首架飞往韩国首尔的客机，开辟了江苏地市级机场开通国际航班的先河，盐城乃至苏北拥有了通往世界的通道，同时也为东风悦达起亚汽车项目落户盐城、建设中韩盐城产业园提供了便利。2008 年 5 月 25 日，盐城机场成为苏北机场中唯一的一类大型国际客运代理人。

### （二）2009 年江苏沿海开发战略提出到党的十八大

2009 年 4 月 9 日，盐城南洋机场正式对外籍飞机开放后，盐城市成为江苏唯一、全国第十个同时拥有航空和海港一类开放口岸的地级市，其对外开放程度也向前迈进了一步。海、陆、空立体交通网络全面建成，盐城开始进入“海阔天空”的新时代，完善包括航空业在内的综合交通网络是江苏沿海地区综合开发中特别重视的领域。

### （三）党的十八大以来

党的十八大以来，现代综合交通运输体系逐步完善，全国交通运输行业统筹推进基础设施网络化布局，对民航基础设施建设补短板、强筋骨，我国由“交通大国”逐步迈向“交通强国”。2013 年 3 月 25 日，来自韩国首尔仁川国际机场的韩亚航空公司客机降落至盐城南洋机场，这是盐城南洋机场国际航班首次调整后的第一个首尔国际航班，它标志着盐城至首尔国际航班已进入两地民航飞机对飞时代。盐城至首尔国际航线自 2004 年 4 月开通以来，一直由我国东方航空公司民航客机承担两地的飞行工作，韩亚航空的加入，是两国民航深度合作的结果。截至 2018 年 5 月，中韩两国间共有 65 条直飞航线，见图 9－1。

2018 年 9 月 27 日，江苏省政府正式出台《中韩盐城产业园建设实施方案》，盐城市根据实施方案中的发展要求，加快推进中韩盐城产业园的建设，为此，盐城机场积极与民航主管部门协调，争取增加对韩航权，全力服务和支撑中韩盐城产业园建设。2018 年 12 月 6 日，对外空中大通道——中韩空中大通道正式建成启用，它是一条东北亚联通欧洲“来去分开，隔离运行”的国际空中运输通道，将更加便捷地连接中国与日韩等东北亚国家，此外，这条通道启用后，还将大大缓解韩国仁川机场长期以来的航班长时间延误现象。中韩空中大通道全长约 1 100 公里，国内段覆盖我国山东半岛及渤海湾地区，衔接韩国，使中韩两国航路由过去的“单向相对运行”全面升级为“双向来去分开运行”。2019 年 3 月 13—15 日，

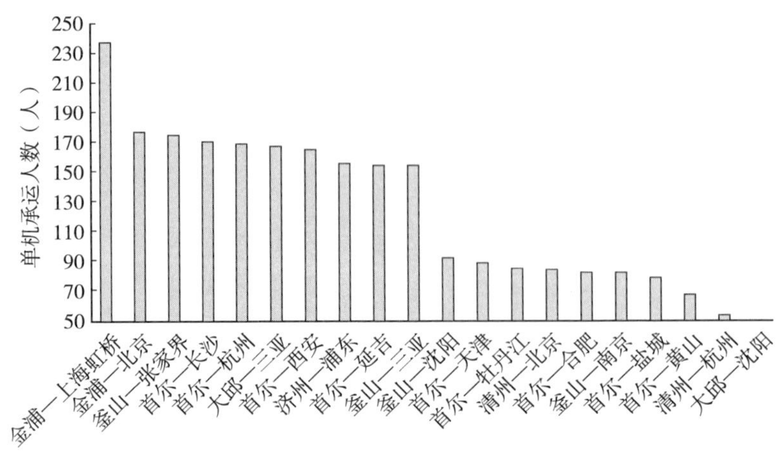


图 9-1　2018 年 5 月中韩航线热度前 10 位与后 10 位

资料来源：www.cannews.com.cn。

中韩两国在南京举行航权谈判，盐城至首尔航权问题得到了有效解决，同时增加了釜山新航点，目前盐城机场正积极协助航空公司向民航局管理部门申请计划，尽快加密韩国首尔航线，增开釜山航线，打造长三角北翼对韩航空运输旅客集散基地。2019 年 3 月 31 日，盐城机场开始航班换季，执行夏秋航班，换季后将通航韩国首尔等 35 个国内外航点。

表 9-1 与表 9-2 为 2012—2020 年首尔—盐城以及盐城—首尔航班时刻表，由两表可知 2012 年与 2013 年盐城—首尔线均为每周两班，2014 年航班加密，达每周四班，由原来的每周四、周日各一班，改为每周二、周三、周五、周日各一班。2015 年 2 月，盐城民航站改制组建盐城南洋机场有限责任公司，继续加密了盐城至韩国的航班，春秋航班与冬春航班均为每周二、周三、周四、周六、周日各一班。2016 年，盐城至韩国的夏秋航班增至一周六班，每周二、周三、周四、周五、周六、周日各一班。

**表 9-1　2012—2020 年首尔—盐城航班时间**

| 执行日期 | 航线 | 航班号 | 机型 | 班期 | 起飞时间（首尔时间） | 到达时间 |
|---|---|---|---|---|---|---|
| 2020-05-03—2020-10-24 | 首尔—盐城 | MU218 | A320 | 37 | 10：50 | 12：50 |
| | | OZ337 | A321 | 246 | 09：35 | 10：20 |

（续）

| 执行日期 | 航线 | 航班号 | 机型 | 班期 | 起飞时间（首尔时间） | 到达时间 |
|---|---|---|---|---|---|---|
| 2019-10-27—2020-05-02 | 首尔—盐城 | MU218 | A320 | 37 | 12：15 | 13：05 |
| | | OZ337 | A321 | 246 | 09：20 | 10：20 |
| 2019-03-31—2019-10-26 | 首尔—盐城 | MU218 | A320 | 37 | 12：15 | 13：05 |
| | | OZ337 | A321 | 246 | 09：35 | 10：20 |
| 2018-03-25—2018-10-27 | 首尔—盐城 | MU218 | A320 | 37 | 12：15 | 13：05 |
| | | OZ337 | A321 | 246 | 09：35 | 10：20 |
| 2017-03-31—2017-10-29 | 首尔—盐城 | MU218 | A320 | 37 | 12：15 | 13：05 |
| | | OZ337 | A321 | 246 | 09：35 | 10：20 |
| 2016-10-30—2017-03-25 | 首尔—盐城 | MU218 | A320 | 37 | 12：15 | 12：50 |
| | | OZ337 | A321 | 246 | 09：35 | 10：20 |
| 2016-03-27—2016-10-29 | 首尔—盐城 | MU218 | A320 | 37 | 12：15 | 12：50 |
| | | OZ337 | A321 | 246 | 09：35 | 10：20 |
| | | OZ3373 | A321 | 5 | 14：40 | 15：25 |
| 2015-10-25—2016-03-26 | 首尔—盐城 | MU218 | A320 | 37 | 12：15 | 12：50 |
| | | OZ337 | A321 | 246 | 09：35 | 10：20 |
| 2014-03-30—2014-10-25 | 首尔—盐城 | MU218 | A320 | 37 | 12：15 | 12：50 |
| | | OZ3495 | A321 | 25 | 11：10 | 11：55 |
| 2013-03-31—2013-10-26 | 首尔—盐城 | MU218 | A320 | 47 | 12：15 | 12：50 |
| 2012-03-25—2012-10-27 | 首尔—盐城 | MU218 | A320 | 47 | 14：05 | 14：40 |

资料来源：www. yccas. com。

**表 9-2　2012—2020 年盐城—首尔航班时间**

| 执行日期 | 航线 | 航班号 | 机型 | 班期 | 起飞时间 | 到达时间（首尔时间） |
|---|---|---|---|---|---|---|
| 2020-05-03—2020-10-24 | 盐城—首尔 | MU217 | A320 | 37 | 13：50 | 16：00 |
| | | OZ338 | A321 | 246 | 11：20 | 14：00 |
| 2019-10-27—2020-05-02 | 盐城—首尔 | MU217 | A320 | 37 | 13：50 | 16：25 |
| | | OZ338 | A321 | 246 | 11：20 | 14：05 |
| 2019-03-31—2019-10-26 | 盐城—首尔 | MU217 | A320 | 37 | 13：50 | 16：00 |
| | | OZ338 | A321 | 246 | 11：20 | 14：00 |

（续）

| 执行日期 | 航线 | 航班号 | 机型 | 班期 | 起飞时间 | 到达时间（首尔时间） |
|---|---|---|---|---|---|---|
| 2018-03-25—2018-10-27 | 盐城—首尔 | MU217 | A320 | 37 | 13：50 | 16：00 |
| | | OZ338 | A321 | 246 | 11：20 | 14：00 |
| 2017-03-31—2017-10-29 | 盐城—首尔 | MU217 | A320 | 37 | 13：50 | 16：25 |
| | | OZ338 | A321 | 246 | 11：20 | 14：00 |
| 2016-10-30—2017-03-25 | 盐城—首尔 | MU217 | A320 | 37 | 13：35 | 16：10 |
| | | OZ338 | A321 | 246 | 11：20 | 14：05 |
| 2016-03-27—2016-10-29 | 盐城—首尔 | OZ338 | A321 | 246 | 11：20 | 14：00 |
| | | MU217 | A320 | 37 | 13：35 | 16：00 |
| | | OZ3383 | A320 | 5 | 16：25 | 19：05 |
| 2015-10-25—2016-03-26 | 盐城—首尔 | MU217 | A320 | 37 | 13：35 | 16：10 |
| | | OZ338 | A321 | 246 | 11：20 | 14：05 |
| 2014-03-30—2014-10-25 | 盐城—首尔 | MU217 | A320 | 37 | 13：35 | 16：10 |
| | | OZ3505 | A321 | 25 | 12：55 | 15：25 |
| 2013-03-31—2013-10-26 | 盐城—首尔 | MU217 | A320 | 37 | 13：35 | 16：00 |
| 2012-03-25—2012-10-27 | 盐城—首尔 | MU217 | A320 | 37 | 10：00 | 13：05 |

资料来源：www.yccas.com。

## 二、盐城—韩国货运航空的发展过程

### （一）改革开放后到 2009 年江苏沿海开发战略提出

1992 年 8 月中韩建交后，中韩双边贸易加速发展，两国经济合作不断深入，航空运输业作为连接中韩经济贸易和物流往来的重要纽带，得到了长足的发展。2004 年 4 月 8 日上午 9 时 28 分，东航 A320 型临时包机飞至韩国首尔，盐城成为苏北第一个、全省第二个拥有国际航班的城市。2006 年 1 月 5 日，经过盐城市人民政府、盐城海关和民航等多方努力，盐城至韩国首尔临时客运国际包机配载货物业务试运行成功，有效降低了盐城地区对韩进出口企业的物流成本，缩短了物流时间，通关效率明显提高。未开通货运业务前，从韩国空运进口货物到盐城，必须从上海口岸进口，再从上海口岸转关至盐城报关，这样不仅增加了企业的运输成本，也延误了企业的生产时间，随着航空载货业务的运行，货物可以直接运抵盐城。

### （二）2009 年江苏沿海开发战略提出到党的十八大

2009 年，盐城南洋机场一类口岸正式对外开放，盐城通往世界的国际通道正式打通后，与韩国的经贸往来更加密切，韩资涌入盐城。为适应韩资、韩企的需要，盐城南洋机场开通盐城—首尔的国际货运航线，并将盐城—首尔航班由原来每周 2 班拓展为每周 6 班，盐城—首尔包机航班也转为正式国际航班。盐城至韩国首尔国际货运包机航线是盐城南洋机场航空一类口岸对外开放后，江苏省除南京禄口机场外唯一的、苏北首条国际货运航线，它的开通标志着盐城民航朝着打造区域性国际航空货运中转支线机场战略目标迈出了重要的一步，在盐城民航发展史上具有里程碑意义。该航线由中国邮政航空公司 B737 型飞机执飞，单程载货 15 吨，每周执行周三、周五两班。韩国到盐城的货物在一天内就可以完成货物落地—报关—提取—进厂全部流程。

### （三）党的十八大以来

盐城市政府提出将大市区作为中心基地，全面发展跨境电子商务，发挥港口、综合保税区、机场等对外开放窗口的优势。一些知名国际物流公司利用对韩日全货机的开通为契机，大力发展跨境电商业务，盐城成为韩国跨境电商向中国区域发展的主打城市，逐渐形成以盐城为中心的对韩跨境电商产业集聚效应。2017 年 12 月，国务院正式批准在盐城设立中韩（盐城）产业园，这成为长三角区域对韩合作的唯一国家级平台，韩国成为盐城最大的外资来源国和贸易伙伴国，对盐城机场航空货运发展有着迫切的需求。为适应发展的需要，盐城南洋国际机场加快推进中韩航空物流集散基地建设，全力推进开通韩日全货机航线的各项工作。在与多家航空公司开展了多轮谈判后，最终与圆通货运航空公司达成协议，引进 1 架驻场运力（B737－300 型），执飞盐城至韩日全货机航线，每周二、周三、周四、周五 4 个班次，每架次载货量 14 吨，预计全年进出港吞吐量超过 8 000 吨。该航线是江苏全省唯一对韩和对日的全货机航线，货物主要为汽车配件、电子产品、机械配件等韩资企业所需进出口的高附加值产品以及国际快件和跨境电商产品，为中韩商贸往来搭建了极具时效性的空中廊道。

2019 年 7 月 31 日，圆通货运航空全货机从盐城飞至韩国，成为圆通航空开通的第 4 条国际航线，是圆通航空大力服务国内空港新城发展战略及全球跨境电商业务的有效举措，提升了盐城市对韩国和日本航空物流承载能力。为了进一步拓展航线布局，完善立体化交替体系，盐城机场加密至韩国的航班，加快申报盐城与韩国首尔正班货运航权，完成开通盐城至韩国货运航线前期工作，并出台航空货运发展的扶持政策，以扩大盐城与韩国的货物贸易量。2019 年 9 月，江苏省政府实行全省机场资源有机整合，南洋机场不断完善航线网络布局，新增多条航线，在国内外成立 35 个通航点，并争取到开通韩国航线的选择权，如此一来，解决了盐城至首尔的航权问题。盐城南洋机场航空货运业务近两年超速发展，年均增速超过 70%。仅南洋机场货邮吞吐量就达 1 615.2 吨，在全国 175 个民用机场中排名第 77 位。国际货运航线开通后，盐城地区国际航空货运压力将得到一定程度的释放，盐城南洋机场货邮吞吐量也将随之以更快的速度攀升。

## 第二节　盐城—韩国航线开通对盐城经济发展的影响分析

### 一、为盐城对外开放奠定了坚实基础

2011 年 3 月 30 日下午，盐城南洋机场举办了国际货运包机开通仪式。开通仪式是在民航华东局以及盐城人民政府等相关机构的监督下举办的，这个开通仪式正式宣布了首尔国际机场与盐城国际机场顺利开通。盐城南洋机场作为枢纽机场，开拓了我国对外贸易的发展市场。它在一定程度上成了我国与其他国家进行友好交流的交通运输标志，也成为我国民航发展历史上的一座里程碑，在当时引起了各界人士的广泛关注。对加速我国与韩国产品的相互流动以及信息和技术交流方面起着更大的作用，为盐城的发展打下了航空基础，拓展了市场的发展空间。

2015 年 6 月，中韩自贸协定签署，盐城被指定为中韩产业园地方合作城市；2017 年 12 月，国务院正式批复同意设立中韩（盐城）产业园；按照国务院批复成立中韩产业园要求，2018 年 9 月江苏省政府印发了《中韩（盐城）产业园建设实施方案》，确定了园区的总体规划和发展方向。重点发展汽车（包括新能源汽车、智能网联汽车）、电子信息和新能

源装备产业，积极培育临港产业和现代服务业。盐城南洋机场自 2000 年正式通航，到 2011 年开通盐城首条国际航线——盐城—首尔航线，再到 2015 年中韩签订自贸协定，可以说南洋机场航线网络的铺设，为盐城与韩国的合作奠定了基础，许多韩资企业因盐城开通盐城—首尔航线而将盐城作为合作优选城市，而韩资企业的入驻为盐城的发展提供了良好的条件。东部机场集团为满足"强化航线网络规划与国家战略以及地方产业发展需求的契合度"要求，按照盐城市委、市政府决策部署，全力推进开通韩日全货机航线的各项工作，与多家航空公司开展了多轮次拉锯式的谈判，经过前期大量协调工作，最终与圆通货运航空公司签署合同，实现了盐城至韩日全日飞行航线，也成立了进出口货物专业航线。

2019 年 7 月 31 日上午，盐城南洋国际机场正式开通盐城至韩国首尔和日本大阪的国际货机航线。这条航线是江苏省通往韩国和日本的唯一货运航线。该航线的开通，不仅为中韩（盐城）工业园区向外界的扩展提供了有力的支持，优化了投资的投资环境，也为盐城空港物流的有效发展搭建了新的平台，促进了盐城机场物流园区的建设与发展，为盐城建立韩国跨境电商产业聚集区奠定了坚实的基础。

## 二、对吸引韩资产生了重要影响

研究表明，民航运输业的发展速度会直接影响周边地区各类行业的发展，同时如果地区内部的民航运输业发展极为迅速，一些投资者就会对当地的各类投资项目表现出较高的投资兴趣，从而吸引大量的投资企业进驻当地①。盐城与韩国开通飞行航线后，韩资涌入盐城，江苏盐城和韩国之间的往来大幅度增加。中韩盐城产业园成为全省唯一的韩资工业园，集聚了现代起亚、京信电子、新韩银行等韩资企业近千家，总投资 70 多亿美元。对韩合作从汽车产业拓展到新能源、电子信息等新兴产业，延伸到经贸科技、文化创意等诸多领域，聚焦汽车整车和关键零部件、半导体、智能装备、健康美容领域。随着园区的有效建设，韩国不仅仅是江苏盐城建设发展中的产业园区合作伙伴，也是其外资的主要来源

① 杨慧珠．民航运输业与区域经济的互动关系探讨［J］．农家参谋，2019（22）：231.

国。当下，园区内已有近千家现代化韩资企业落户，对盐城及其周边地区乃至苏南地区高尖端产品进出口具有较大的辐射和带动作用。在吸引韩国各种类型的企业来盐城投资的同时，也极大缩短了各企业生产链上时间与空间的距离，不仅会降低企业的生产成本，而且还会扩大生产规模、提高生产效率，进而扩大企业的市场份额。韩国起亚集团汽车等一批项目落户盐城后，盐城成为韩资企业密集区。韩资企业的进入极大地推动了盐城市的经济社会发展，使盐城成为江苏最大的汽车制造业生产基地。2018—2020 年，中韩盐城产业园累计新增外商投资 100 家以上，其实际到账外资占盐城市实际到账外资的比例达 25%以上，其外贸进出口总额占盐城市外贸进出口总额的比例达到 15%以上，发展水平走在全国对韩合作产业园区前列，成为江苏韩资产业集聚区、经济高质量发展先行区。此外，两地通航为盐城中韩产业园扩大对外开放、优化招商投资环境提供了有利条件，并为盐城打造对韩跨境电商产业集聚区奠定了坚实基础。

由图 9-2、图 9-3 可知，2014—2015 年合同韩资额与实际利用韩资额呈快速上升趋势，2016 年受“萨德”事件影响，这两项指标均出现回落，随后又稳步上升。到 2018 年合同韩资额达 37 536 万美元，占外商投资额的 16.20%，实际利用韩资额达 12 056 万美元，占外商直接投资额的 12.10%，在韩企投资方面，除港澳台地区外，盐城排名第一。由图 9-4 可知，2014—2018 年进入盐城的韩资企业在不断增加，2018 年韩资企业数目与前一年相比增加了 535 家，达到 766 家。2020 年中韩（盐城）产业园核心区韩资企业达到 284 家。盐城—韩国飞行航线开通后为韩资进入盐城提供了极大的便利。

## 三、对韩国人士流入盐城产生影响

韩国与盐城开通飞行航线，吸引了大批韩国人士直接来盐工作、投资以及旅游。盐城至韩国的航线成为盐城走向国际的通道，盐城对外开放水平显著提高。其对加快盐城开放型经济发展、对外开放建设具有重要意义。盐城韩国合作从汽车、电子信息、新能源等新兴产业，延伸到经贸科技、文化创意等诸多领域。2 万多名韩国人常年在盐城工作生活，已涉及各个行业，如餐饮娱乐、医疗卫生、制造业等。盐城已成为

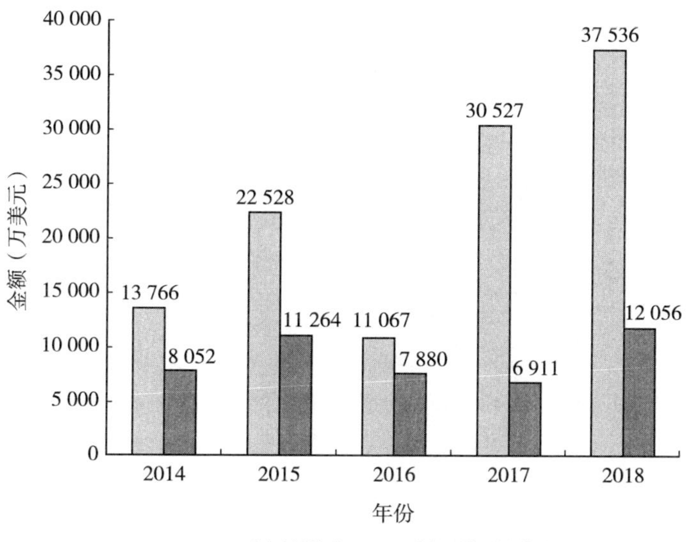


图 9-2　2014—2018 年盐城市韩资增长情况

资料来源：《盐城统计年鉴 2019》。

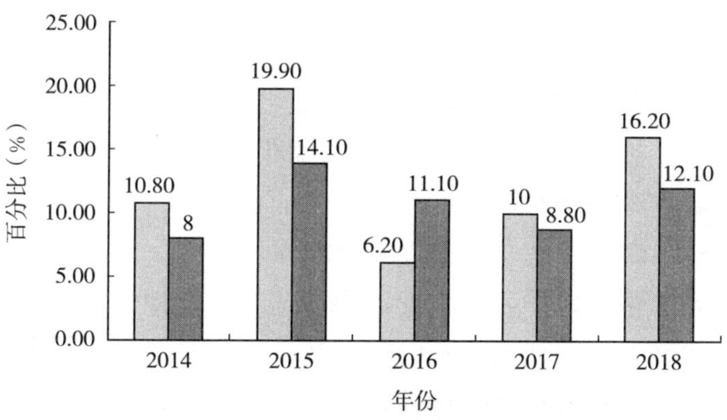


图 9-3　2014—2018 年盐城市韩资占外商直接投资额百分比

资料来源：《盐城统计年鉴 2019》。

许多韩国友人的“第二故乡”。从盐城飞抵韩国首都首尔只要 1 小时 25 分钟，此条国际航线开通后，每年经盐城空港入境的韩国旅游团队有 130 个。

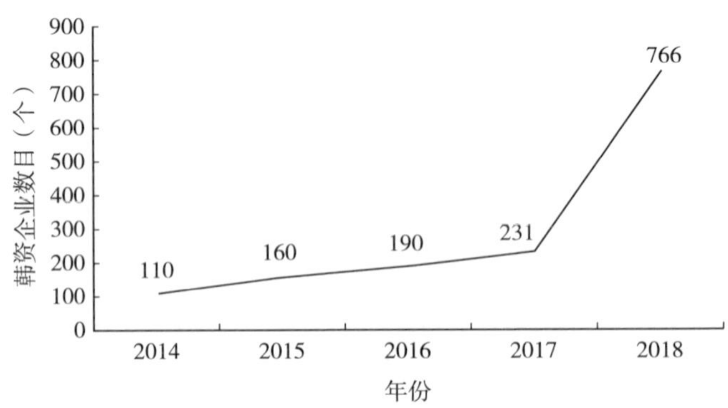


图 9-4　2014—2018 年盐城市韩资企业数目增长情况

资料来源：《盐城统计年鉴 2019》。

## 四、对盐城经济开发区主导产业产生影响

航空运输业通过构建世界大城市航线网络整合全球资源，从而带动区域产业的发展和产业布局的变化，促使产业结构向高新技术产业、现代制造业、现代农业和现代服务业方向调整①。与航空物流产业关联度较高的高科技电子、汽车、纺织、医药产业等附加值较高的产业也会首选航空运输方式②。盐城至韩日全货机的开通，全面提升了长三角区域对韩和对日航空物流能力，盐城至韩日全货机开通对电子信息、汽车制造、机械生产、电商等航空偏好型产业发展起到极大的促进作用，为长三角区域发展提供了新的动力源。盐城经济开发区以汽车产业、电子信息产业、新能源装备产业三大高新技术产业为主导，积极培育新能源汽车产业集群，新注册总投资 7.5 亿美元的韩国汽车电子芯片、2 亿美元的汽车半导体等超亿元项目 13 个；积极培育集成电路产业集群，新注册总投资 15 亿元的华通新材料、5.2 亿元的固得沃克芯片封装等超亿元项目 26 个；积极培育光电光伏产业集群，新注册总投资 11.8 亿元的天合 4GW 组件、8.5 亿元的富群 4GW 组件等超亿元项目 8 个。盐城与韩国开通飞行航线后，韩资大

① 王晓军．产业价值链视角下的江西省航空业与旅游业融合发展路径研究［D］．南昌：南昌航空大学，2018.

② 夏兴华．发展航空经济促进产业结构调整和经济发展方式转变［J］．中国党政干部论坛，2011（6）：4-8.

量进入从而形成产业集聚与扩散效应，使以汽车产业、光电伏产业、电子信息产业等高新技术产业为主导的第二产业成为盐城经济开发区的主导产业。

## 五、对盐城城市风格产生影响

城市建设与交通运输的发展是息息相关的，张建秋①的研究表明，航空经济将会促进城市内部空间结构由单中心向双中心甚至是多中心转变。同时，原有城市各种功能又不断得到改善和提升，推动城市形态由低级向高级转变。盐城南洋国际机场是沿海地区连接韩国的主要机场，使两地的人流、物流、资金流、信息流，呈现互动效应。《盐城市城市总体规划（2013—2030）》明确提出市域核心空间布局结构由以盐城主城区为主的单中心向以盐城主城区、高新技术园区、环保产业园区以及大丰港经济区为主的多中心过渡，此外，高新技术园区以及大丰港经济区也是中韩产业园发展的主体区。

随着盐城市与韩国经济往来日益密切，两地文化也快速融合。盐城与韩国南原、大邱、首尔城北区结为友好城市，每个县都有韩国友城。在盐韩国人士超 2 万人，韩国元素随处可见。无须出国就可以品尝到来自韩国的美食，体验韩国的文化。近年来，产业园内韩资服务业企业不断增加，包括商务服务、居民服务等业态，贸易合作方面，已延伸到节能环保、新能源、电子信息等领域，从单一的工业领域合作进一步发展到经贸科技、美容健康、文化创意、旅游观光、大宗商品物流以及现代农业等多领域合作。与北京师范大学、上海光华国际学校深度合作，建成了北师大附属学校、外国语学校，打造十五年一贯制优质教育标杆；与首尔、上海、北京等地知名医院联手合作，加快建设“五中心”三甲综合医院。新组建总规模 40 亿元新城建设基金，全力推进中韩文化交流中心及健康医疗街区、影视文娱街区、名品商贸街区、科研总部街区等“一中心四街区”建设。为了方便韩国人士在盐城的工作与生活，盐城的路标会有韩语提示，大大提升了盐城的国际化程度。

① 张建秋．航空经济对城市结构与功能的影响机制研究［J］．河南牧业经济学院学报，2016，29（2）：8-12.

## 第三节　以盐城—韩国航线为引领促进盐城经济发展建议

盐城—韩国飞行航线的开通，对盐城对外开放来说是一件大事，由此，盐城走上国际开放的轨道。盐韩国际通道的打通，对于盐城汽车产业发展、电子信息产业发展以及韩资品牌区建设，具有十分重要的意义。

第一，以盐韩国际航空客货运发展为契机，打造韩国品牌密集区。盐城与韩国开通飞行航线对盐城出口产品转型升级具有较大的推动作用，对加快盐城与韩国的产品流、信息流、技术流对接有着较大的促进作用，为盐城进一步打造韩日资密集区、港台资密集区创造了新的条件。大力发展汽车及汽车电子产业，将打造的韩国品牌密集区作为承接韩资的主要载体。一方面，随着信息化时代的来临，电子商务逐渐崛起，这便为电子物流的发展提供了良好的平台。通过电子物流技术可以使商流、物流、资金流有机整合，从而使整个物流体系成本降低、速度及效率提高，使贸易货物在各国顺畅流通。因此，韩盐双方需要提升物流网络的信息化以及专业化程度、构筑完善的物流信息平台，采用各种现代化技术共享物流信息，建立一个商流、物流、信息流、资金流联通的国际物流体系，加速贸易的物流过程，将盐城打造成韩国商品进口中国的集散地和江苏特色商品出口的新通道，将中韩（盐城）产业园打造成国际合作新标杆。另一方面，2018 年 4 月，习近平主席在博鳌亚洲论坛中提出，过去中国吸引外资主要靠优惠政策，现在要更多靠改善投资环境，创造出极具吸引力的投资环境，以此吸引更多的外资进入。盐城市政府应简化韩资企业的设立程序，推行针对韩资企业的商务备案与工商登记“一套表格、一口办理”制度，在提升办理速度的同时保证办理质量，为韩企进入节省时间。此外，盐城市政府应对进入盐城的韩企提供减免税收、发放贷款等优惠政策。努力提升盐城的市场、政策以及法制环境，将其打造成高水平的韩资集聚地。

第二，通过航线的加密，密切人文往来，培育盐城“新市民”。两地通航后，大量韩国人士进入盐城工作、交换学习、生活，对盐城的经济发展、文化等各方面都产生了不同程度的影响，外界称他们为盐城的“新市民”。在航线的打造上，盐城民航站应充分发挥盐城南洋机场一类开放口岸优势，利用长三角城市群中唯一的中韩产业园合作城市优势，重点服务以韩资为主的外向型经济发展，加密首尔等航线，并将其打造成具有盐城特色、集公务商务与休闲旅游于一体的精品航班，按照“突出干线、培育精品，干支结合、完善网络”的思路，对飞行航线及网络布局进行优化加密，扩大航空网络的通达度，此外，盐城机场还应积极寻求新的合作伙伴，适时优化韩国航班，不断提升其服务质量，吸引更多的“新市民”进入盐城。若要更好地推动盐城社会经济的发展，还必须吸引更高层次的人才进入盐城，在人才引进问题上“不拼数量拼质量”[①]。首先在韩国定期举行高层次人才对接会，邀请具有合作意愿的人才来盐洽谈工作，并给应邀参加洽谈会的人才提供高于其他地区人才的差异化国际机票补贴；此外还可以借鉴苏州国际精英创业周模式，在韩国定期举行大规模的创业大赛，对胜出的选手给予高额机票补贴以及政策支持，以此吸引有能力、有技术的高层次人才进入盐城。其次拓宽人才培育渠道并加大培育投入，与韩国的高校合作，进行定向培养并设立专项基金，为盐城培育一批高层次“新市民”。对于在盐城工作的韩国人士，政府应提供一系列住房补贴、生活津贴，不定时向其发放盐城市旅游景点优惠门票，如大丰中华麋鹿园区、新四军纪念馆、大纵湖等景点门票，在吸引人才的同时也宣传了盐城的文化。

第三，畅通盐城对韩贸易渠道，完善韩盐垂直贸易。一是韩国许多汽车制造企业都坐落于釜山，而目前盐城南洋机场只能直接飞往韩国的首尔仁川国际机场，对于盐韩汽车业贸易的往来较为不利。面对新的发展需求，盐城机场应着力强化航线网络规划与国家战略以及地方产业发展需求的契合度，开辟并加密盐城—釜山航线，改进和优化与航空公司的合作方式，依托口岸引进直飞韩国定点城市的客货包机等。着力铺设航空客货网点，加大周边地区航空客货市场调研与开发力度，形成以机场为中心、辐射周边地区的客货市场网络体系。将南洋机场打造成特色机场，创新转型从而推动盐城经济社会发展。二是汽车产业价值链长、生产环节多，生产不同零部件所需的资金、技术和劳动力不同。传统的国际贸易建立在比较优势的基础上，一国只有出口具有比较优势的产品和进口相对劣势的产品

① 刘伟．欠发达地区人才国际化战略研究［D］．苏州：苏州大学，2014.

才能增加贸易利益。但随着国际分工越来越细，即使一国在产品的生产上没有比较优势，如果在工序上有优势也是可行的①。因此，在垂直贸易下，盐城与韩国可以充分发挥比较优势，集中生产汽车的某一部分，既可以节约成本，提高生产效率，又可以形成规模效应。汽车产业是资本密集型产业，要降低生产成本，提高生产效率，必须充分发挥汽车工业的规模优势。因此，要积极引导企业淘汰落后产能，鼓励兼并重组，形成优势互补，引导产业集群发展，增强产业出口竞争力。另外，集中人力、财力、物力开发高附加值零部件，逐步将低附加值零部件转移到国外生产，积极引导和鼓励盐城本土企业参与国际汽车研发，在人力资源丰富的地区设立海外研发中心，加强对优质科技创新成果的物质奖励和专利保护。三是盐城机场应抢抓中韩（盐城）产业园建设和空港经济区发展的重大历史机遇，围绕“中韩区域性航空物流集散枢纽”目标，大力推进航空物流基础设施建设，积极构建对外开放大通道，全力打造长三角地区具有辐射带动力的开放支点。开展货运综合楼（新库区）选址工作，提升机场货运集散能力，打造以盐城南洋国际机场为中转基地、辐射全国的对韩航空物流集散中心。

第四，引进先进城市管理理念，打造韩风文化城。一方面，将盐城与来自韩国的文化进行深度融合且充分突出盐城特色，在盐城建立中韩文化交流园区、健康医疗美容园区、品牌商贸街区、影视娱乐区以及高新技术研发区。中韩文化交流区可承办一系列国际文化交流活动以及大型的国际会议，为两地交流提供平台。近年来医疗美容领域规模呈爆发式增长，据统计，2019 年中国医疗美容市场规模达到 1 700 亿元，一线城市市场已趋于饱和，盐城这类三四线城市的市场渗透率仅相当于一线城市的 1/7，市场需求巨大。目前，韩国的医美产业已形成完整的产业链，与其他国家相比而言极具优势。将韩国优势医美资源引入盐城，在健康医疗区内重点发展韩式健康医疗美容服务，让“颜值经济”成为盐城新的经济增长点。影视文娱街区应重点引入韩国优质资源，结合开发区汽车特色，采用商、旅、文结合的发展理念，发展影视创作、创意设计、文化传播等产业，吸

① 冯德连，顾玲玲．垂直专业化、研发投入与外贸竞争力——以汽车产业为例 [J]. 财贸研究，2017，28 (9)：5.

引年轻人前来参观、旅游。在品牌商贸区内以韩国品牌为主、本土品牌为辅设立专区，如韩国知名化妆品、韩流服饰、高科技电子产品等，并适时创新销售方式以及给予消费者优惠，在提高品牌知名度的同时提高成交量，推动经济的发展。最终将盐城打造成既具韩国风味又有本土特色的东部沿海国际名城。另一方面，与韩国联合推出专属精品航线，为韩国人士访盐提供便利。随着盐城南洋国际机场航线网络布局的不断完善、基础设施水平的不断提升，将进一步加快盐城市对外开放进程，打造成连接日韩的国际开放大通道，从而建设成长三角地区具有辐射带动力的开放支点。

## 第四节　小　　结

盐城，与韩国隔海相望，“海空走廊”便捷，是中韩对接发展战略、共建“一带一路”的重要节点城市。通过历史文献法研究发现，韩国与盐城开通飞行航线后，吸引了大量韩资以及韩国人士进入盐城，并对盐城的主导产业以及城市风格产生了重要影响。

国内学者普遍认为航空运输会促进区域经济的发展。曹允春、杨震[①]在《航空运输对区域经济发展的影响分析》中对航空运输产业特征与区域经济属性进行了分析，阐述了航空运输对区域经济的宏观、中观以及微观影响。航空运输可以跨越空间与地理的界限，吸纳并且集聚各种生产所必备的要素。此外许多城市可以利用航空运输业创造一个优越的商务、创业、就业、定居环境，发展区域经济。姜丽伟[②]在《民航运输业与区域经济的互动关系分析》中充分肯定了航空运输业对于区域经济的重要性，从航空运输业的特点以及国内区域经济的发展现状出发，分析了航空运输业对区域经济的互动关系及具体影响，为二者协调发展提出对策。赵紫婷[③]在《中韩交通基础设施互联互通的贸易效应研究》中表明交通基础设施互联互通对中韩国际贸易规模扩大及结构改善均存在促进作用，互联互通水平每提高1%，双方贸易额将上涨0.668%，对资本密集型产品的影响较

① 曹允春，杨震．航空运输对区域经济发展的影响分析［J］．综合运输，2007（3）：43-47.

② 姜丽伟．民航运输业与区域经济的互动关系分析［J］．全国流通经济，2019（22）：122-123.

③ 赵紫婷．中韩交通基础设施互联互通的贸易效应研究［D］．唐山：华北理工大学，2018.

大，而对劳动力密集型产品的影响较小。许刚[①]在《航空物流与区域经济高质量发展协同性研究》中运用DEA协同发展评价模型以及逐步回归分析法，对六个城市的航空运输业与区域经济高质量发展之间的协同性进行了综合评价，发现郑州市航空运输业与区域经济高质量发展之间的协同关系呈有效互助的状态，长沙市呈高度协同状态，其他四个城市呈协同失衡状态。王琛[②]利用系统动力学进行仿真分析，研究了广西航空物流对区域经济和东盟贸易之间的互动发展关系，发现航空运输对区域经济以及国际贸易有推动作用。

对于航空运输及社会经济影响的研究最先在国外出现，学者们从定性与定量两方面进行了大量深入的研究，从研究中发现了航空运输业对区域经济影响的规律以及发展趋势。Huddleston 和 Pangotra[③] 研究了机场建设投资与航空运输客货量对区域经济增长的影响，结果显示航空运输业投资与客货运量和区域经济发展呈正向关系，并且机场航空运输网络的完善会推动城市对外经济贸易的发展。Keith[④] 对美国卡罗来纳州多个机场进行研究，发现区域就业水平与民航客货吞吐量成正比，在民航运输业的影响下，区域产业结构从原来以传统产业为主转变为以高新产业为主。John D Kasarda 和 Jonathan D Green[⑤] 通过对机场货运量和区域 GDP 关系进行实证分析，认为机场货运量的增加会推动区域经济的发展，民航运输业对国际贸易的影响巨大，会推动城市经济的发展。David 和 Ashish[⑥] 运用冲击波理论对航空运输业进行研究，结果表明航空运输业会汇集人流、商流以及资金流影响社会经济活动。

---

① 许刚．航空物流与区域经济高质量发展协同性研究［D］．郑州：郑州航空工业管理学院，2019.

② 王琛．广西航空物流与区域经济发展互动关系研究——基于系统动力学的视角［J］．广西社会科学，2010（10）：64－67.

③ Huddleston J R，Pangotra P P. Regional and Local Economic Impacts of Transportation Investments［J］．Transportation Quarterly，1990，44（4）：579－594.

④ Keith G Debbage. Air Transportation and Urban－economic Restructuring：Competitive Advantage in the US Carolinas［J］．Journal of Air Transport Management，1999（5）：211－221.

⑤ John D Kasarda，Jonathan D Green. Air Cargo as an Economic Development Engine：A Note on Opportunities and Constrains［J］．Journal of Air Transport Management，Volume 11，Issue 6，November 2005（4）：459－462.

⑥ David G，Ashish L. The New Economy and Oppoortunities for Airports［J］．Journal of Air Transport Management，2002（8）：49－62.

现有的文献大多是通过定性分析法与定量分析法来分析航空运输业与经济增长的相互影响关系，研究结果普遍认为航空运输业的发展会促进经济增长、促进产业结构调整、提高就业率、吸引人才和资金流等；且大多从国家层面或者经济较为发达的大型枢纽机场出发进行相关研究，对于一些欠发达地区的小型机场，很少有研究涉及。本章研究建立在国内外学者研究的基础上，以韩国与盐城开通飞行航线历史为例，探讨国际航线开通对于欠发达地区地级市经济发展的影响。由于盐城与韩国航运的开通，打开了盐城国际开放新局面，使盐城融入东北亚经济圈，密切与韩国经济往来，盐城因此将成为全面开放新格局的示范区，中韩对接发展战略、共建“一带一路”、深化贸易和投资合作的先行区。

# 第十章

# 盐城—日本—美国—欧盟航线开通对盐城经济的影响*

盐城是长江三角洲沿海城市，与日本隔海相望。随着中日关系的友好发展，盐城开通了与日本静冈和大阪间的航线。盐城—日本航线的开通，不仅促进了盐城与日本地区旅游业的发展，而且加强了两地间经济文化的交流，促进了两地人民关系的友好发展。在发展两地人民友谊的同时，有利于双方互相学习经验，带动地区经济发展，实现互利共赢。美国及欧盟等西方国家和地区拥有先进的高新技术，与盐城区位经济形成互补，具有强大的对外贸易潜力。盐城虽未开通直达美国及欧盟的航线，但日渐完备的交通网络，也为盐城通过南京和上海国际大机场加强与美国、欧盟等国家和地区的合作、深化交流提供了便利。

## 第一节　盐城—日本—美国—欧盟等地航线的历史脉络

盐城与日本、美国、欧盟等地航线的联系，加快了盐城迈向国际化的步伐，也吸引了更多外资的投入，对盐城对外开放有着重要影响。

### 一、第一阶段改革开放到2009年江苏沿海开发战略提出（1978—2009年）

改革开放以来，随着经济体制的优化，盐城市经济迅速发展。从

* 本章合作作者李珊珊。

1978 年到 1990 年，历时 13 年，盐城 GDP 突破百亿元关口；从 1991 年到 2005 年历时 15 年，盐城 GDP 突破千亿元关口。1986 年 4 月 29 日，盐城南洋国际机场实现运营，航线恢复开通，1988 年盐城民用航空业的发展逐步走入正轨。2007 年 7 月 4 日，盐城正式开通对外飞机开放的航空口岸，自此以后，盐城南洋机场成为江苏省继禄口机场的第二家开通国际航线的机场。2008 年 5 月 25 日，盐城南洋机场被评定为中型机场，成为苏北地区唯一的一类（国际）客货代理人。但由于经济、科技、外交的局限性，盐城并未开通与日本、美国、欧盟等国家及地区的国际航线。

## 二、第二阶段 2009 年江苏沿海开发战略提出到党的十八大（2009—2012 年）

2009 年，盐城南洋机场根据经济发展现状和对外开放的时代发展需求，为提高乘客吞吐量，提出了“加降”和“经停”的理念，增加了“包机”和“旅游”的航班，合理有序地开通了多样的国际国内航线，建立了更加优化的航线网络结构，为盐城民用航空业的良好发展奠定了坚实的基础，加快了盐城对外开放的步伐。随着盐城市社会经济快速发展，响应“一带一路”倡议，现代交通运输体系得到改进，盐城航空业也得到进一步发展，但由于航站楼等基础设施规模偏小等硬性条件的局限性，盐城还未开通和日本、美国与欧盟的国际航线，但依靠相对完善的航线网络，可由上海、北京等地中转至美国、欧盟等地。

## 三、第三阶段党的十八大至今（2012 年至今）

党的十八大以来，我国通用航空得到较快发展、现代交通运输体系逐渐完善，航空业技术水平和服务能力显著提高，航空运输业得到进一步发展。党的十八大至今，盐城南洋机场开通了多条通往北京、上海等经济发达地区的国内航线，完备的国内航线网络，为盐城中转至美国、欧盟等地提供了便利，并且开通了盐城至邻近国家，如日本、韩国、泰国等国际（地区）航线，加快了盐城对外开放进程。2015 年 5 月 28 日，从盐城南洋机场直达日本静冈的首架飞机落地，这是苏北地区直达日本的第一条国际航线，此航线实现了国内航线加国际航线的混合运营模式，并且和旅行社合作，带动了航线上地方的旅游业发展，方便了盐城及周边地区居民的出行。同年 6 月 2 日，盐城南洋机场开通了至日本大阪的航线。盐城至日本国际飞行航线的开通，为盐城对外开放、招商引资提供了极大的便利，带动了盐城地方外贸经济的发展，为盐城经济发展带来了直接经济效益。鉴于盐城人民消费需求、机场基础设施等情况，南洋机场暂未开通对美国、欧盟的直达航线，但是可以通过上海、北京等机场中转至美国和欧盟等地。

表 10－1 和表 10－2 分别为盐城—日本、日本—盐城航班首航时刻表。

**表 10－1　盐城—日本航班首航时刻表**

| 执行日期 | 航线 | 航班号 | 班期 | 起飞时间 | 到达时间 |
|---|---|---|---|---|---|
| 2015－05－28 | 盐城—静冈 | JD489 | 每周 2 班（每周四、周日） | 12：35 | 16：15 |
| 2015－06－02 | 盐城—大阪 | JD487 | 每周 2 班（每周二、周五） | 10：30 | 13：55 |

资料来源：www.yccas.com。

**表 10－2　日本—盐城航班首航时刻表**

| 执行日期 | 航线 | 航班号 | 班期 | 起飞时间 | 到达时间 |
|---|---|---|---|---|---|
| 2015－05－28 | 静冈—盐城 | JD490 | 每周 2 班（每周四、周日） | 17：15 | 19：25 |
| 2015－06－02 | 大阪—盐城 | JD488 | 每周 2 班（每周二、周五） | 14：55 | 16：45 |

资料来源：www.yccas.com。

## 第二节　盐城—日本—美国—欧盟等地航线开通对盐城地区经济效应分析

在经济全球化和社会经济不断发展的过程中，交通运输业的发展已经成为一个国家、一个地区经济发展的重要驱动力。航空交通运输具有灵活、快速、便捷等特性，可以将各国家、各地区、各城市有效连接起来，以形成相应的经济关系，并且在促进区域经济发展方面起到关键作用。

### 一、促进盐城经济发展，加快 GDP 增长

航空是重要的对外交通工具，是经济结构中的重要组成部分，航空运输业的发展水平逐渐成为衡量一个国家综合实力的重要指标。经济社会生活生产过程中，交通运输体系的优化升级对于地方经济的发展、资源的合

理分配利用都起着至关重要的作用。盐城有着充足的建设用地资源、丰富的劳动力资源、悠久的历史文化，是“一带一路”的重要节点，具有一定的区位优势。盐城飞行航线网络的完善，到日本等国际航线的开通，搭建了盐城对外贸易的桥梁，不仅有利于盐城走出去，也有利于外资走进来，促进盐城的外贸发展，加快盐城对外开放步伐，带动地方经济发展。党的十八大以来，盐城市经济发展更是突飞猛进，2012 年至 2020 年 GDP 总值逐年大幅度提升，2020 年更是达到 5 900 亿元以上，盐城的经济总量在全国公共城市中排名第三十六位，在同类型城市中排名第十三位。盐城虽尚未开通直达美国、欧盟等地的国际航线，但盐城邻近上海、南京等发达地区，盐城具有通往上海、广州、北京等地完备的航线网络，可以便利地通过南京等地中转至美国、欧盟等地，也便利了美欧等外资引入盐城，带动了盐城当地经济的发展。

## 二、促进盐城旅游业发展，便利了日本　美国、欧盟等旅客出游

盐城是中国长江三角洲地区重要的沿海城市，邻近南京、上海、苏州等发达地区，具有优越的地理优势，静冈县是日本最具工业和旅游价值的城市之一，是富士山所在地，拥有完备的旅游生态资源，大阪是日本重要的经济贸易城市之一。盐城与日本静冈、大阪航线的开通，既迎合了时代发展的需要，也满足了贸易合作的需求，不仅促进了地区之间商务贸易的合作与发展，也带动了日本静冈和盐城当地旅游业的发展，促进了两国经济的繁荣发展。随着中日关系的友好发展，盐城—日本（静冈、大阪）航线的开通为地区间经济文化的交流提供了便利，有利于互相沟通经验，促进三地间的贸易往来。盐城—日本航线的开通也在一定程度上推动了中日友好事业的发展。盐城虽尚未开通直达美国、欧盟等地的国际航线，但盐城邻近上海、南京等发达地区，可便利地通过南京等地中转至美国、欧盟等地，随着人民生活水平的提高，很多盐城人选择出国旅游，提高了盐城对外开放程度①，也方便了日本、美国和欧盟人士来华。

① 张峰．经济发展过程中经济文化一体的发展与融合［J］．产业创新研究，2018（1）：28－30.

## 三、引进国外优秀人才，促进文化交流

自党的十八大以来，我国外交得到进一步发展，盐城对外开放程度加深，其间，盐城举办了众多商业贸易交谈会，与美国、日本、加拿大等发达国家进行沟通交流，加强了外商对盐城城市风貌、产业特色和区域环境的了解。盐城国际航线的开通也有利于盐城学习发达国家先进的技术，盐城制定的相关引进人才的政策，吸引了更多国外高新技术人才，为盐城经济发展注入新鲜的血液，有利于盐城经济结构的优化升级。随着社会经济的发展、培养人才的需要，现如今大多高校都聘用外教，不一样的教学方法有助于学生多方位思考，接触不同的文化和思想。国外优秀人才的引入，不但带来了先进的文化和技术，也向外宣传了盐城文化，为盐城经济的发展注入新活力。

## 四、促进了盐城与日美欧经济贸易往来

2017 年 12 月 19 日，盐城南洋机场正式开通签证业务，为日美欧外商来盐城投资、办理业务等提供了便利，吸引了更多外商进入，有利于出口贸易的发展，加快了盐城对外开放的步伐，对盐城招商引资起到至关重要的作用，有利于建设盐城开放型经济。盐城—日本航线的开通不仅提高了盐城市对日本航空物流的承载能力①，有利于产业园扩大对日本开放、优化招商投资环境，也促进了盐城空港物流园区和物流产业发展，为盐城建立对日跨境电商产业集聚区奠定了坚实基础。机场航线的开通加强了盐城与日美欧地区之间的经济往来、沟通交流，扩大了当地市场，有利于国家地区间贸易合作的形成。盐城拥有丰富的劳动力资源、充足的建设用地和一定的区位优势，日本、美国、欧盟等发达国家和地区多以技术密集型产业为主，拥有先进的创新技术和环保的新能源技术。盐城与日本、美国等发达国家产业结构互补性强，具有较大的合作潜力，航线的开通为盐城与美国及欧盟等国家和地区加强合作、深化交流提供了便利，有利于国家地区之间产业结构互补，实现地区间的共同发展。

---

① 韩汝雪．江苏省民用机场与区域经济发展互动关系研究［D］．徐州：江苏师范大学，2018.

## 第三节　盐城—日本—美国—欧盟航线发展促进盐城经济发展建议

第一，优化航线网络，提升通达能力。盐城南洋机场要紧紧围绕其区域特色和发展定位，依托口岸优势，建立属于盐城特有的国内、国际空中客货走廊。一是优化航线网络，提升通达能力。统筹考虑高铁开通前与开通后的航线网络布局。在现有通航点的基础上，逐步改善盐城市与日本、美国、欧盟的航空通达性，加密盐城进出港的航线，为中转至美国、欧盟等地提供便利。二是提高运力，形成产业规模。加强与国内外各大航空公司之间的沟通和对接，通过整合和优化现有航线网络结构，积极支持以盐城为主基地的新航空公司筹建工作。

第二，打造多元品牌，促进经济多样化发展。盐城南洋机场飞行航线网络的完善，能够使盐城更加有效地利用其区位优势，在产业优化升级中，可以有效地学习国外发达国家及长江三角洲各地区的发展经验，从而实现产业转移，带动盐城地方经济的发展。日本日化用品在全球广受欢迎，盐城可以利用与日本的航线，引入日本日化用品生产技术。盐城产业多为劳动密集型产业，航线的开通有利于引进西方先进技术，盐城可结合自身发展特点，发展多元化产业结构。盐城在优化产业结构的过程中，应重点发展创新型和环保型产业，要合理利用资源，制定科学的发展战略，实现经济多元化发展，促进盐城市经济环保、健康、可持续发展。

当今社会已进入互联网时代，盐城需要引入创新技术，在高新区重点打造高新技术产业园，美国、欧盟等发达国家和地区在互联网等高新技术上具有一定优势，并将其作为核心技术进行研究与投资，现如今社会经济的发展主要以技术型产业为主，发达国家的技术产业在盐城具有巨大的发展潜力，互联网、智能终端等高新技术的发展很大程度上推动了地方经济的产业结构转型。随着盐城飞行航线网络的完善，加强了与日本、美国、欧盟等发达国家和地区在经济、文化、技术等方面的交流，形成了更加紧密的合作关系，实现了双方经济贸易深入友好合作，资源互补，带动了区域经济的发展。盐城应合理配置人才资源、全球的创新技术资源，利用其自身区位优势，加强盐城跨境电商的发展，共同促进创新型产业的发展。充分发挥盐城跨境电子商务公共服务中心的优势，实现盐城综合担保区跨境电商集聚区、北方青鸟电商孵化园联动发展，从而带动盐城市跨境电商的快速发展。做好进口商品交易中心的试点运营工作，利用保税仓库，打造一个集汽车零部件、境外生活必需品等商品生产于一体的贸易展示中心。以南洋机场为依托，建设大数据、信息软件、文化创意、物流配送、临空经济等特色服务外包示范基地，提升服务贸易比例。

第三，优化环境，实现国际航空业多方面发展。旅游产业作为后期发展起来的第三产业，在众多产业中，它是一个许多国家和地区都在努力发展的产业。盐城是一个历史悠久的城市，拥有丰富的旅游资源，但是盐城的旅游生态资源并没有得到充分的利用。因此，盐城在未来社会经济发展的过程中，需要加强旅游产业的发展，首先要做的就是对盐城的环境进行优化提升，尤其是加强对水环境的保护，其次，加大力度宣传盐城当地生态环境特色，并且改善机场周边地区环境，促进盐城旅游业的发展，吸引日本、美国和欧盟更多外商进入盐城，从而带动盐城当地经济的多元化发展。在经济全球化发展的大形势下，盐城与日本、美国、欧盟等发达国家和地区有着良好的贸易往来关系，并与多家国际知名高新技术企业达成长期合作。航线的发展，使国家区域间实现了更深层次、更大范围的经济文化等方面的交流合作，实现了优势互补，共同发展。盐城应改善优化创业环境、生态环境和政策环境，以优越的环境资源和区位优势，吸引更多的外商来盐投资。

第四，制定扶持政策，规划国际通航产业布局。政府要制定合理的国际航空运输业发展规划，给予相关航空运输企业减免税收、提供资金补助等优惠扶持政策，以此带动国际航空运输业的发展。盐城应合理利用其长江三角洲沿海城市的地理位置优势、充足的建设用地资源，重点发展外向型经济，加密盐城与日本等发达国家的国际航线，根据盐城当地特色建设一条风格独特的集旅游休闲和商务贸易为一体的盐城特色航线。亭湖区要配合开展机场周边环境整治，推动南洋镇、亭湖经济开发区、环保科技城与空港经济区协同发展。增加国际航空人才储备，构建多维的国际航空人才体系，制定科学的人才培养体制，培养国贸专业人才，进一步带动盐城对日本、美国和欧盟进出口贸易的发展。

## 第四节　小　　结

王法辉等[①]利用定量模型分析的方法，从经济转型期航空运输发展的驱动力、地域非均衡性、民航客运网络演化三方面对 1980—1998 年中国航空运输体系发展特征进行了分析，对经济发展与航空运输发展间关系的统计分析表明，中国经济每增长 1%，航空运量增长 1.72%，航空运输的发展将在中国社会经济空间结构调整中发挥越来越重要的作用。Keith[②]研究美国卡罗来纳州多个机场发现，区域就业水平与民航客货吞吐量成正比，在民航运输业的影响下，区域产业结构从原来以传统产业为主转变为以高新产业为主，认为民航运输业和区域经济的优势集中在机场周围地区，这片地区是人流、信息流、资金流、物流和商流的重要集散地，组织各种现代化社会经济活动，构成全新的城市形态。Pangotra[③] 研究了机场建设投资与航空运输客货量对区域经济增长的影响，结果显示航空运输业投资与客货运量和区域经济发展呈正向关系，并且机场的航空运输网络对城市对外的经济贸易起主要作用。

大多数学者都是研究航空业发展对经济发达地区或中心城市经济的影响，较少有对于一些欠发达地区的小型机场的研究。盐城位于苏北沿海，外贸发展相比南京、苏州等地还处于较低水平，发展对外贸易对其经济发展有十分重要的意义。航空运输业的发展对盐城外贸发展有着重要影响。本章就盐城—日本—美国—欧盟航线开通历史，对盐城经济产生的影响进行研究分析。通过历史文献法研究发现，盐城市对日本、美国和欧盟航线联系的加强，促进了盐城经济发展，加快了 GDP 增长，促进了盐城旅游业发展，也带动了日本、美国、欧盟等国家旅游业发展，引进了国外优秀人才，促进了文化交流，提升了盐城国际形象。

---

① 王法辉，金凤君，曾光．中国航空客运网络的空间演化模式研究［J］．地理科学，2003，23（5）：519－525.

② Keith G Debbage. Air Transportation and Urban－economic Restructuring：Competitive Advantage in the US Carolinas［J］. Journal of Air Transport Management，1999（5）：211－221.

③ Pangotra P P. Regional and Local Economic Impacts of Transportation Investments［J］. Transportation Quarterly，1990，44（4）：579－594.

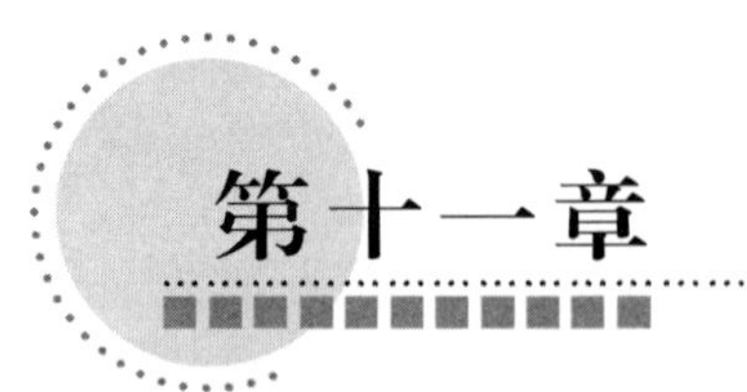

# 第十一章

# 盐城大丰港建设对盐城经济的影响*

港口是港口城市的重要资源，是具有多项功能的基础设施，对城市的工业、商业、金融业及其他服务业具有强大的推动作用。从港口的作用来看，它是港口城市通向世界的窗口，在港口城市的经济贸易活动中担任着重要角色，对其所在城市及周边区域的经济增长以及经济地位提升有着巨大的推动作用。在新的经济形势下，全球各经济中心向港口城市转移的趋势越来越明显，在全球35个国际化大城市中，有31个是依靠港口而发展起来的港口城市。港口城市在中国社会经济持续高速发展的过程中也起到了十分重要的作用。我国的港口城市数量虽然还不算多，但却在全国经济中占有重要地位。港口已成为港口城市提高其经济地位和国际竞争力的重要资源禀赋。“以港立市”“以港兴市”“以港强市”一直以来都是大多数港口城市制定其发展战略的基础。

## 第一节 大丰港发展历史脉络

盐城大丰港处于我国东海地区的中部，是江苏省沿海地区仅次于连云港的第二大深水港。大丰港的地理位置优越，从国内来看，距连云港120海里、上海港250海里、秦皇岛港490海里；从国外来看，大丰港离日本长崎港430海里，离韩国釜山港420海里。除此之外，大丰港还与国内外许多大港口建立了数条直航路线，成为江苏中部地区重要的出海大通道。大丰区处于江淮淤积平原，是由长江黄河的泥沙在洋流的作用下淤积而

* 本章合作作者朱佳瑜。

成，成陆时间由西向东相差悬殊。秦汉以前，大丰区境还是一片沧海，由于长江入海主河转移，江流夹带大量泥沙向东北海底沉积，隋代才初见陆地。南宋建炎二年（公元1128年），黄河夺泗入淮，沿海滩涂东扩，至清顺治年间，大丰全境才基本成陆，这种成陆的潮汐现象迄今尚未终止，海岸线仍在继续东移。而古长江口形成的西洋水道，潮汐通道潮差大，纳潮量大，潮流潮波截面宽度达20～30公里，有助于维持潮汐通道和海床中深泓。这是建港的天然条件。

### （一）改革开放到2009年江苏沿海开发战略提出

改革开放推动了港口的建设与发展。1984年1月，河海大学严恺等人所写的《江苏省海岸带海涂资源综合调查》中提到了大丰区沿海有一条与海岸平行的潮汐通道西洋深槽，水深15米以上，宽3～4公里，长达55公里，与外海相贯通，可进出10万吨级的巨轮，大丰港建设具有可能性。在1995年3月，江苏省计划经济委员会正式同意建设大丰港，由此拉开了大丰港建设的序幕，到江苏沿海开发战略提出的这十几年里，大丰港建设持续进行。在基础设施建设方面，重点建设了1个3.5万吨级多用途码头、一个3 000～5 000吨级汽油码头、一个战备滚装码头和1个5万吨级水厂。码头一期工程的2个万吨级泊位在2005年竣工并开始通航运营，这填补了江苏900公里海岸线上的港口空白，大丰港从此正式开始进入商业运营时代。2007年，先后完成了堆场熏蒸房改造、堆场熏蒸场地与查验场地、边检卡口监控室、海关卡口检查室等基础设施建设，码头与仓储区安装了闭路可视监控系统，实现了局域联网，封闭式管理，通过验收后，大丰港一类口岸正式对外开放。在集疏运系统方面，先后开辟了港口至秦皇岛、大连、海南、福建等多条国内航线，以及至韩国仁川港、釜山港和经上海港至欧美等地的国际集装箱班轮航线，至日本、俄罗斯的杂货航线。此外，322省道扩建工程大丰港段建成通车，疏港四级航段可行性报告通过论证，先导段全面竣工。在港口产业发展方面，1999年2月，大丰港经济区正式宣告成立，同时提出了“港口带动”战略的要求，确定港口经济的发展思路，推动临港产业的发展，相继与以色列艾森贝克公司合资建设高级烹饪油生产线、与印度尼西亚金光纸业集团和台湾水丰余公司投资纸浆项目。

## （二）2009 年江苏沿海开发战略提出到党的十八大

江苏沿海开发战略为大丰港的进一步建设提供了新的活力。2009 年，盐城市进一步深化"东向出海"的沿海开发战略，为顺应海内外港口群组和重组的发展趋势，整合了大丰、射阳、滨海、响水 4 个港区资源，组建盐城港，并组建盐城港港口管理局，统筹发展"一港四区"。大丰港作为组建后盐城港的主港区，其建设发展也进入了新的阶段。在基础设施建设方面，港口 10 万吨级码头正式通航，石化码头、大件码头也建成使用。在集疏运系统方面，疏港四级航道正式开工建设，南北港区内部航道工程全面竣工，2 座航道桥基本建成，北港区内河港池竣工投产，疏港公路连接线海堤以西一万米已建成通车，海堤以东部分南半幅已建成通车，北半幅完成二灰碎石，东延段便道建成通车。2010 年，大丰港实现了与我国台湾基隆港的直航，成为我国两岸"三通"直航港口，并开通了 19 条至国内沿海主要港口的航线。在港口产业方面，大丰港大力发展石化新材料、有色金属材料、农产品深加工特色产业，海洋生物、新能源等新兴产业。港口规划建设 500 万千瓦的海上风电场，同时与上海中油公司达成 50 万吨生物质柴油项目，目标是建成国内最大的生物质柴油基地。此外，港口依托盐城悦达起亚汽车集团等，逐步延伸完善汽车零配件及机械加工产业链，并充分发挥资源优势，以上海光明集团投资的奶牛养殖和奶产品加工项目为龙头，依托北大荒米业等现有企业，着力建设上海光明食品工业园等。到 2011 年，落户大丰港的企业达 400 家，投资额达 30 亿的联鑫钢铁项目和 500 亿的江苏博汇项目一期工程建成，进入试投产阶段，大丰港控股集团有限公司也全面完成上市各项筹备工作，以第一板块码头经营公司为核心，引进战略合作伙伴组成股份公司，共融资 11.2 亿元，为码头的进一步建设大大拓宽了资金来源渠道。

## （三）党的十八大以来

党的十八大以来，大丰港持续稳步发展。在基础设施建设方面取得了巨大突破，建成生产性泊位 16 个（其中 5 万吨级以上 7 个）和 4 个 5 万吨泊位（水工 10 万吨级）。码头扩能项目通用内侧泊位完工，二期扩能项目完成试桩工程。自卸和集装箱车辆、装载机完成液化天然气改造，集装箱堆场完成油改电项目技术应用，甩挂运输项目获得省交通厅试点立项，在盐城区域全面实施，完成智慧港口总体规划，云计算中心和生产指挥中心建成并投入使用，大宗商品电子交易平台完成软件部署，引航信息化建设进入验收调试阶段，完成全港智能指挥中心的集成运行，提升了港口的生产效率和信息化水平。装箱码头、通用码头和石化码头也全面投入运营。此外，大丰港四期 15 万吨级散货码头正式开始施工，总投资 4 亿元，已完成了工程的项目备案，该码头建成后将填补盐城港口 15 万吨级泊位的缺口，大大降低长江、大运河及淮河沿线大宗散货运输成本，进一步增强大丰港在江苏沿海港口的综合竞争能力。到 2018 年，通用码头内侧三个 5 000 吨级通用泊位也正式对外开放。在集疏运系统方面，成功开通大丰港至平泽港、大丰港至宁波港、大丰港至上海港内贸集装箱班轮航线。刘大线航道整治工程项目的第四标段也正式开工建设，该段起点在新团船闸下游引航道终点，经新团河、胜利河、平地开挖段，终点位于北中心河与斗龙港交汇处。刘大线航道是江苏省干线航道网规划“两纵四横”中的二纵“连申线”的组成部分，作为大丰港的疏港航道，整治航道总里程 55.553 公里。2019 年，盐淮高速公路大丰港至盐城段项目通过省交通运输厅组织的竣工验收。该项目东接大丰港，西与盐淮、沈海高速公路衔接，路线全长 36.6 公里，此项目的建成，对顺应国家沿海开发战略、提升港口集疏运条件、服务大丰港城发展、完善区域高速公路网络、促进沿线区域经济社会发展等均具有十分重要的意义。在港口产业发展方面，江苏大丰海港控股集团有限公司投资建设的大丰港保税物流中心正式投入运营，它的设立和成功运营，为大丰进一步扩大开放，加快经济发展及促进区域协调发展搭建了重要平台，将更好地改善和优化地方投资环境，增强国际资本吸引力，促进产业聚集，增强地区竞争优势，降低外向型企业物流成本。

大丰港发展至今，已开发利用港岸线建成的码头包括一期码头、二期码头、石化码头、大件码头、滚装码头、三期粮食码头、通用码头、10 万吨级集装箱码头 8 个码头，在这 8 个码头上分布着 17 个万吨级以上的生产性泊位，包括集装箱、石化、粮食、木材、散货等主要货运类型。目前港口主要货物吞吐类型为煤炭、矿石、木材、钢材、粮食等货物，此外还有集装箱、汽车配件、建材等其他类别的货物种类。

在港口疏运体系方面，已初步形成海、陆、空立体交通网络。2015 年正式开工建设的 10 万吨级深水航道正在有序推进中，完成时大丰港的航道通行能力将进一步增强。在港口吞吐能力建设方面，港口货物吞吐量增长势头迅猛。2018 年，大丰港港口货物吞吐量首次破 9 000 万大关，达到 9 097.26 万吨，集装箱运输量 45.19 万标箱。见图 11-1。

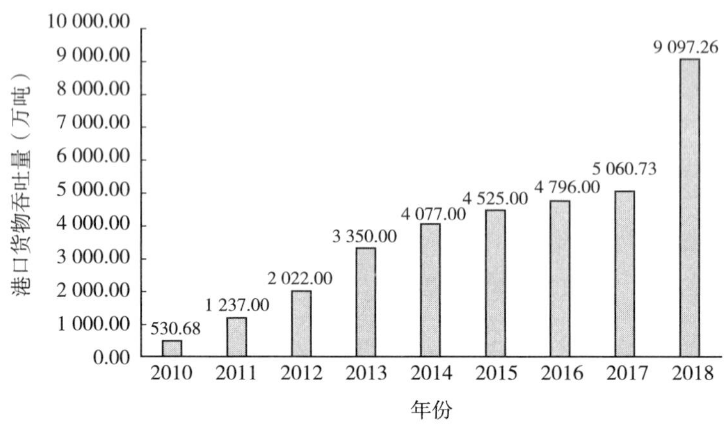


图 11-1　大丰港近年来港口货物吞吐量变化情况

# 第二节　大丰港发展对城市经济社会发展的效应分析

## 一、港口是港口城市发展的重要动力源泉

港口作为推动港口城市发展的重要引擎，其对港口城市发展的驱动作用主要体现在港口腹地扩张和临港产业拓展延伸两个方面。在港口的腹地扩张方面，港口作为海洋运输的枢纽，其发展规模与腹地大小密切相关，港口腹地的扩张与延伸能够为港口带来更多货运需求，提高港口的货运吞吐量，进而提升港口的规模经济性，增强其市场竞争力。由于海洋运输的低廉成本和大运量，港口腹地的扩张能够提高港口所在城市的区域经济地位，有利于港口城市对世界范围内的各种生产要素产生强大的集聚能力，进而带动港口所在城市经济多元化发展（图 11-2）。

在产业延伸方面，主要表现为港口及港口所在的周边区域，由于自身所具备的运输服务功能或特定的水陆空间条件，吸引相关产业在港口区域大量集聚，并依托港口产业的联动效应以及产业集聚带来的港区各项配套设施水平的不断提升，对港口所在城市以及周边区域各种资源的吸引力进

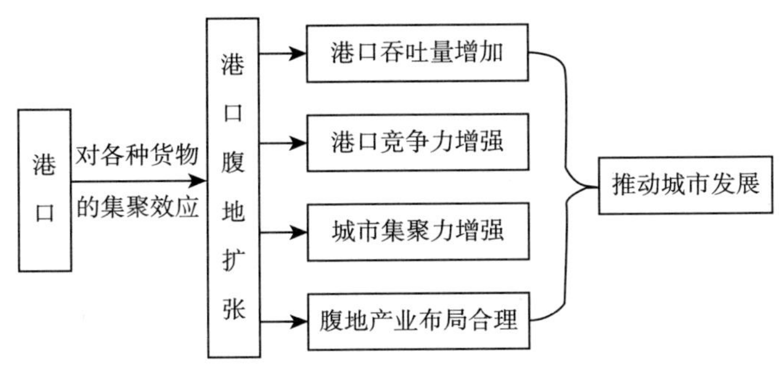


图 11－2　港口腹地扩张机理

资料来源：惠凯．论港口城市的发展［J］．中国港口，2004（11）：11－13．

一步增强，临港产业的发展将有效带动港口城市的发展。这种带动方式大致可以分为三种：第一种是由港口直接产业以及关联产业发展所构成的相对完善的城市基础设施对与港口并没有直接关联的产业产生吸引力。第二种是由于临港产业自身的前、后向关联产业效应，使得相关产业在城市集聚，也称之为临港产业的一级乘数效应。第三种是由于上述各类产业的集聚给所在城市带来就业和消费的扩张，通过二级乘数效应进一步促进城市其他产业的发展，如商贸业、旅游业等。

## 二、港口建设对港口城市经济的直接影响

港口是港口城市形成和发展的重要驱动器，对城市经济的发展有着直接影响。首先，随着经济贸易的不断发展，国际港运业正在由集装箱运输和多式联运的时代跨向综合物流时代，港口的发展在经历了传统的、单一的运输模式后，正在步入第三方物流中心，能够提供全方位、高效率的物流服务的企业的快速兴起是这些港口发展的一大特色途径。目前世界港口的发展方向已向大力发展商贸物流业、拓展现代化物流分拨功能、形成物流分拨和综合运输服务中心方向转变，因此，港口不仅是货物的集散地，更是物流和商贸交易中心。其次，在产业方面，港口具有广泛的前、后向关联效应，前者主要指港口为工业、贸易等部门提供装卸、堆存等服务，后者指港口直接消耗工业、贸易和其他行业的产品和服务。此外，随着世界一体化进程的加速，大中城市进一步提高对外开放程度，对外贸易活动也更加活跃，无论是内贸还是外贸，港口始终是第一关，因此它不仅是城

市对外开放的门户，更起到了连接国内外两大市场的作用。最后，港口还具有吸引投资者的作用，投资者将港口看作是投资的重要环境，因此港口一向是投资者选择投资的首要条件。如果港口条件好，那么投资者就乐意投资，反之，投资者就不愿投资，所以港口如同“磁场”一样，吸引着广大投资者的目光。

## 三、港口对城市成为区域经济社会中心的影响

港口作为水陆节点，对集聚港口腹地以及海外市场的各种经济、社会资源具有强大的吸引力，其陆域往往成为临港工业区，在生产加工和劳务流通的过程中，港口城市借此促使经济社会发展水平进一步提高，同时，港口城市的发展也对港口的规模化发展起到反馈作用，并进一步提升港口的影响力和辐射作用。以此往复，港口的每一次发展都会对城市人口增加、规模扩张产生强烈的推动作用，最终促使港口城市区域级甚至国家级中心城市地位的形成。首先，港口展开的对外货物运输和港口区域相关产业生产运营增加了港口城市的经济收入，进而增加了港口城市用于公共事业的各项开支。其次，港口运输服务功能以及临港产业发展产生了大量的劳动力需求，创造了就业机会，根据中国香港的相关经验，集装箱运输的港口业务与相关产业的直接和间接就业人数之比高达1：72.3。最后，港口作为港口城市对外开放和开展对外贸易的主要通道，对城市环境的改善和形象的提升有着积极影响，并会进一步影响港口城市人们重商务实的精神，形成独特的城市人文环境。

## 四、港口对港口城市基础设施及功能发展的影响

由于港口需要有专门的功能服务区为其服务，如一些著名的港口都有特定的航运服务中心，在这里聚集了大规模的船务公司和为其服务的相关机构，因此港口对城市的功能发展会产生重要的影响。港口也对城市交通有着重大的影响，港口需要有便捷的交通运输系统为之服务，海陆多式联运是港口对城市交通的基本要求，因此港口地区往往是城市的交通枢纽区域。港口还通过改变城市人口分布影响着城市的城镇体系。从以上三点可以看出，港口直接影响了城市的空间布局结构。除此之外，港口作为交通枢纽，是各种信息的必经之地，无论是经济、科学、技术还是商业等方面

的信息都会最先到达港口，因此，港口还起到了“信息库”的作用。

## 第三节　大丰港建设带动盐城经济发展的未来展望

第一，盐城大丰港发展面临新的机遇。目前，国内外经济形势仍将持续复杂多变的状态，随着我国进入经济新常态，“一带一路”、长江经济带等建设步伐进一步加快，江苏沿海发展也进入关键时期，盐城市通过采取区划调整来顺应当前的发展趋势，随着各个层面的一系列措施的实施，为大丰港与盐城市的进一步互动发展带来了新的机遇。

一是“一带一路”倡议为沿海港口发展带来新的机遇。随着“一带一路”倡议措施的全面实施，基础设施之间的互通程度不断加深，港口在各地区之间也发挥着越来越重要的作用。发展中国家以及沿海新兴市场的需求不断扩大，有利于进一步增强港口的吞吐能力和国际或地区间的经济对接能力。作为处在“一带一路”交汇处的盐城市，具备向更高层次深化改革开放的先天优势和条件。大丰港作为江苏沿海唯一的深水港口，承担着作为对外“窗口”和积极响应“一带一路”倡议的重要责任。“一带一路”倡议措施中提到的推动基础设施建设、拓宽贸易领域、推动新兴产业合作、深化金融合作，都将为大丰港的进一步建设发展带来机遇。

二是区域发展战略的叠加效应为港城发展带来新的格局。盐城市作为苏北地区唯一被列入长三角城市群规划的城市，在《长江三角洲城市群发展规划》正式出台后，将在基础设施建造、生态环境联防共治、创新体系共建以及园区合作等发展领域中享受到一系列的政策红利。除此之外，随着国家积极推动长江经济带的建设，《长江经济带发展规划纲要》也正式开始实施，其支持沿海地区之间进一步完善协商合作机制，根据高标准、高要求、高水准的要求构建区域综合交通运输网络，推动产业的有序转移和优化升级，盐城作为这两大战略的叠加城市，发展条件优越，战略措施的实施将为大丰港和盐城市的互动协调发展注入新的动力。

三是上海自贸区、中韩自贸区快速发展的辐射作用。大丰区一直以来都与上海市保持着密切的经济互动，大丰港也是上海港的喂给港口之一。随着上海自贸区“溢出效应”的日益显著，苏沪合作不断加深，大丰港区位优势、成本优势以及资源优势也不断显现，为港城互动协调发展带来了更多的机遇。除此之外，盐城市作为韩资密集区，随着中韩自贸协定的进一步实施，二者除了在汽车领域展开更深入的合作外，未来在投资、服务、贸易等领域的合作也将进一步推进，这对大丰港规模的进一步扩大、货物层次的进一步提升以及盐城市产业结构的进一步优化来说都是重大的“黄金机遇”。

四是“盐丰一体化”为港城协调发展注入新动力。在大丰撤市设区划入盐城市区之后，大丰港与盐城市加强联动发展、相互融合。“十三五”期间，盐城市着力推进“盐丰一体化”，形成以大丰区为副中心，大丰港城等为主要载体的“一主一副、两区三城”的空间发展格局。随着大丰港与盐城市的联动发展格局进一步深化，港城协调发展更加突出优势互补，尤其对于大丰港来说，将在更高层面获取更多政治资本，提升获取支撑港口建设和发展更丰富资源的能力，并在更广的空间内实现港口与腹地城市间的互联互通、提升发展能级和承载能力，大幅增强港口的综合竞争力。

第二，大力发展临港支柱产业，强化临港产业辐射作用。通过研究国内外发达地区的港口城市发展史可以发现，大部分港口城市都依靠港口的区位优势建立起临港或临海产业，如原油化工、造船、钢铁、机械等产业，不仅促进了港口所在城市产业的转型升级，而且通过临港产业发展建立临港新城、滨海新区、保税港区、物流园区等，使其成为城市经济发展新的增长极。大丰港应该发挥其自身优势和特点，大力发展以石油化工、特钢新材料、木材加工以及食品加工业为主的支柱产业，提高临港支柱产业规模，延长支柱产业链，强化其关联带动作用，进而提升临港支柱产业对城市的影响力，推动城市经济发展。

一是要发展新型石化产业。石油化工产业园是江苏沿海开发战略的重要石化产业分布点，应该依靠深水大港和区域市场的优势，以“大石化”为发展方向，压减低端化工，提升石油化工，重点发展低污染、低能耗、高产出化工。大力推动初级产品大型化、产品精细化、装置集中化、循环生态化的基地化集聚发展，争取将其建设成华东沿海具有影响力的新型绿色化工产业基地。二是要发展特钢新材料产业。钢铁产业是盐城市重点发展的产业之一，当前，在盐城市钢铁产能过剩以及国家“去产能”目标背景下，必须加快盐城钢铁产业转型升级发展。盐城大丰港应当依托特钢新材料产业园载体，积极引导港区钢铁企业的重组发展，以淘汰落后产能，按照华东地区的经济发展需求，培育特色化的不锈钢、特钢及下游制品等优势钢铁项目；抓住国内钢铁产业向沿海转移的机遇，积极争取上海、南京以及中西部地区大型钢铁产业搬迁到大丰港经济区；积极发展钢铁关联产业，积极培育和延伸区域钢铁产业链；同时面向国外高端市场需求，加强钢铁产业领域的研发投入，提高钢铁产业的附加值。三是要发展木材加工业。随着国家沿海战略的实施，港区周边交通基础设施进一步完善，大丰港港口腹地也进一步向内陆拓展，木材消费量激增，仅盐城市场每年消耗的木材就有 400 多万米$^3$，大丰港应当把握机遇，以规模化、深加工、品牌化为发展导向，以木材造纸产业园为载体，围绕林木精深加工和综合利用，引导木材企业从粗放型向深加工型转型，形成集木材转运、仓储、加工和产品配送、贸易于一体的木材产业链。建设苏北地区以中高档包装纸板、专用纸为主的绿色新兴造纸工业基地。四是要发展绿色食品加工业。凭借优越的区域生态优势，盐城大丰区近些年积极发展绿色食品产业，尤其是绿色有机农产品，打响了一批如恒北早酥梨、裕华大蒜、东沙紫菜等绿色农产品品牌。大丰港区应当把握机遇，以英茂糖业、北大荒集团、宝龙集团等龙头企业和专业加工园为载体，积极发展粮油加工等绿色食品加工业，调整产品结构，优化产业分区，提高产品加工深度和附加价值，实现由原料初加工向精深制造的转型升级，力争总量规模和产品结构跨上新台阶，建成华东地区具有影响力的食品加工基地和物流中心。

第三，大力发展海洋新兴产业，把握产业转型发展机遇。21 世纪是海洋的世纪，世界各国高度重视海洋资源的开发与利用。党的十八大首次提出“建设海洋强国”的战略，强调发展海洋经济，大力发展海洋战略产业。与此同时，盐城市“十三五”规划提出，以大丰港为重要载体，以发展海洋生物产业与海水淡化产业为重点，大力发展海洋经济，努力建设海洋经济大市。而大丰港将成为盐城市发展海洋经济的重要载体。因此大丰港临港产业发展应当把握机遇，依托港口周边优越的海洋资源以及盐城市将海洋新兴产业发展重点部署在大丰港区的优势基础，把大丰港打造成江苏沿海地区海洋新兴产业的新高地。

一是要发展海洋生物产业。海洋生物产业是国家海洋战略新兴产业，是目前和未来最具发展潜力、最前沿的高新技术产业之一。大丰港应当以盐城海洋生物产业园为载体，突出“盐土农业、黄海药谷、蓝色旅游、海洋慧谷”四大特色，主攻海洋生物医药、海洋生物食品、海洋生物化工、海洋生物质能源、海洋新材料五大领域，着力招引龙头领军型企业，建设国内重要的海洋生物研发转化基地。二是要发展海水淡化产业。当前，大丰港区海水淡化产业已取得骄人成绩，以国家重点基础研究发展计划研究成果为基础的新能源淡化海水产业，融合多项先进技术，实现资源与能源的有效转换与利用。今后，应当深化发展海水淡化产业，大力研发太阳能海水淡化、风能海水淡化、核能海水淡化等清洁能源发电制水工艺，做长海水淡化产业链，实现相关配套设备规模化制造，打造、打响盐城新能源淡化海水产业示范园的名片。三是要发展海工装备产业。发展工程装备制造业是我国实现世界海洋工程装备制造先进国家的重要战略部署。大丰临港产业发展要瞄准国际国内市场需求趋势，大力发展港口工程机械、大型石油石化装备、船舶和海洋工程装备、高档数控装备、大型装备关键零部件及配套产品等，建设国内先进的海洋工程装备制造基地。四是要发展海洋新能源产业。依托盐城市国家级风力发电、智能电网、电动汽车产业基地建设的契机，结合新能源发展趋势和产业配套条件，以龙头企业为支撑，优先发展海上风电装备产业，积极培育生物质能、太阳能、核能装备及配套产业，不断壮大产业规模，加快海洋能源开发利用等新兴产业发展，建设规模化、自主化的新能源产业基地。

第四，积极发展港口服务业，优化临港产业体系结构。从世界港口发展的动态演变过程来看，港口的功能日趋多元化，港口的服务功能也随之不断拓展。以往评价港口竞争力只看港口货物吞吐量已然成为过去时，港口综合服务能力成为评价港口发展水平的重要指标，多元化的港口服务功能和高效的物流运作成为世界港口发展的重要趋势。

首先要发展港口物流业。从世界港口的发展历程来看，可以划分为四个阶段，第一代港口是作为海运货物的装卸和仓储中心，第二代港口拥有临港物流，第三代港口拥有发达的物流产业，第四代港口实现全球资源配置。可以看出，港口物流的发达程度在很大程度上影响了港口所处的发展阶段。大丰港应当充分发挥区位、交通、资源和成本优势，全面加快港口物流载体建设，着力培育港口物流企业，促进现代物流业发展，提升港口对临港产业及经济腹地的服务能力，把大丰港打造成具有较强区域型物流资源配置能力的现代化区域性综合物流节点。其次，要发展港口旅游业。发展港口旅游业是国外许多港口城市发展到一定阶段的重要发展思路。大丰港所在的区域周边拥有丰富的生态自然旅游资源，近年来，大丰区更是提出“旅游立市”发展战略，大力推动旅游产业规模发展。根据盐城市大丰区旅游业“十三五”规划，打造以大丰港区为核心的旅游综合体。通过整合港城与东沙岛的旅游资源，推进大丰旅游港建设，形成一城、一港、一岛的旅游发展格局。2017 年 1 月，港区新能源淡化海水产业示范园更是被省旅游局正式认定为江苏省工业旅游园区。港区应当充分重视挖掘和利用自身及周边的丰富旅游资源，打造江苏沿海具有特色的蓝色旅游基地。

## 第四节　小　　结

在港城关系演变阶段理论方面，早在 1989 年，吴传钧、高小真[①]就根据我国北方的若干海港城市的成长过程分析了港城相互作用的动力结构演化过程，提出了港口城市发展演化的普遍规律，即初级商港型、港口工业型、多元化发展型三个演变阶段。1997 年，许继琴[②]基于港口城市成长模式理论，根据港口对城市及周边区域成长的作用变化提出了港口城市发展的 4 个阶段，即港城初始联系、港城相互联系、港城集聚效应和城市自增长效应。此后，港城关系演变阶段理论开始趋于成熟。2006 年，罗萍[③]根据港城关系演变阶段理论，结合我国港城互动发展的现实情况，提出了我国港城进一步发展的相关思路与对策。

在港城互动与协调发展方面，早在 1965 年，英国地理学家 Bird[④] 就通过对英国河港发展过程的考察，提出了著名的港口通用模型，随后国外学者在此模型的基础上进行了修改和拓展，形成了一套完善的具有全球普适性的港口通用模型理论。港口与城市之间不仅存在地理空间上的联系，

---

① 吴传钧，高小真．海港城市的成长模式［J］．地理研究，1989（4）：8－15.

② 许继琴．港口城市成长的理论与实证探讨［J］．地域研究与开发，1997（4）：11－14.

③ 罗萍．我国港口与城市互动发展的趋势［J］．综合运输，2006（10）：16－20.

④ Bird J H. The Major Seaports of the United Kingdom［M］．London：Hutchinson，1965.

还形成了一种特殊的经济系统。2002 年，刘秉镰①对国内港城互动作用关系进行了比较系统的理论阐述，指出二者具有相辅相成的互动作用关系，并从港口功能和港口产业两个方面说明了港口对城市及周边区域甚至全社会经济发展都具有推动作用。2004 年，惠凯②基于港城互动作用机理，总结出了港口推动城市发展的两种基本模式，即腹地扩张模式与临港产业关联效应模式。2005 年，谢丹③围绕港口发展和区域经济发展之间的关系，选择 DEA 方法（数据包络法）定量评价了港口对城市及区域经济的贡献。2007 年，陈芸芸④以大连港为例通过投入产出法等定量分析了港口对于城市及区域经济的影响，在此基础上，深入研究了港口与城市互动发展的规律，得出了港口对于城市的经济、社会发展、基础设施和功能发展多存在影响，对城市及区域经济的影响尤为突出。2012 年，傅远佳⑤以作为沿海后发展地区的钦州市为例，提出应当以港城产一体化理论为指导，推动港城整体发展与跨越发展相结合、临港产业发展与可持续发展战略相衔接、市场作用与政府引导相结合、近期发展与未来可持续发展相结合的发展战略。2015 年，范厚明等人⑥以上海、深圳、香港等 9 个港口城市为例，通过建立面板数据模型研究港城协同度与城市经济的关系，最后得出港口与其所在城市的协同发展能够促进所在城市经济的发展的结论。2018 年，孙文奇⑦通过使用格兰杰因果关系检验模型，根据对港城互动机制的分析，得出上海港极大地推动了浦东新区及临港产业的快速发展的结论。2019 年，吴利娟⑧以天津港为例，通过构建港城协调发展的评价指标体系和评价模型对天津港城的协调发展进行了实证分析，并运用回归线模型分析了天津港城之间的协调发展与城市经济增长之间的关系，最后根据实证结果提出了针对性的发展对策。

---

① 刘秉镰．港城关系机理分析［J］．港口经济，2002（3）：12－14.

② 惠凯．论港口城市的发展［J］．中国港口，2004（11）：11－13.

③ 谢丹．港口发展与区域经济发展关系研究［D］．大连：大连海事大学，2005.

④ 陈芸芸．港城互动发展研究［D］．大连：大连海事大学，2007.

⑤ 傅远佳．沿海后发展地区港城产联动发展战略研究——以钦州市为例［J］．西部经济管理论坛，2012，23（2）：83－86.

⑥ 范厚明，马梦知，温文华，等．港城协同度与城市经济增长关系研究［J］．中国软科学，2015（9）：96－105.

⑦ 孙文奇．上海港口与城市经济发展的互动关系［J］．现代企业，2018：53－54.

⑧ 吴利娟．“一带一路”背景下天津港城协调发展研究［D］．天津：天津外国语大学，2019.

总体来看，国内外学者关于港城关系演变和港城互动发展方面的研究已经取得了丰硕的成果。但是在港城互动的实证研究方面，以往研究的相关案例主要集中在沿海发达地区，对于欠发达区域或港城关系处于起步阶段的地区研究相对薄弱。盐城市作为江苏沿海地区的新兴中心城市，在“一带一路”和江苏沿海开发战略叠加下，对其进一步推动大丰港的建设来带动城市经济增长提出了新的要求。本章以大丰港的建设历史为切入点，根据分析结果和港城互动机制提出大丰港通过自身的发展来带动城市经济增长的具体路径。

盐城是一个水系发达的地区，大丰港最先成为盐城国家一类口岸。大丰港口的快速发展，推动了大丰地区的崛起。由于大丰港地位重要，城市经济发达，盐城市将大丰县辙县设区，变成盐城一个区——大丰区。大丰区成为盐城副中心城市区，大丰港成为盐城市“一港四区”（盐城港、大丰港区、射阳港区、滨海港区、响水港区）的龙头。根据盐城“十四五”规划，2025 年盐城港口吞吐量将达到 2 亿吨。大丰港要抓住辙县变区的机遇，通过大力发展临港产业、海洋生物产业和港口现代服务业等路径，做大做强实体经济，在“十四五”时期形成“以港兴产、以产兴城、港产城联动”新发展格局。

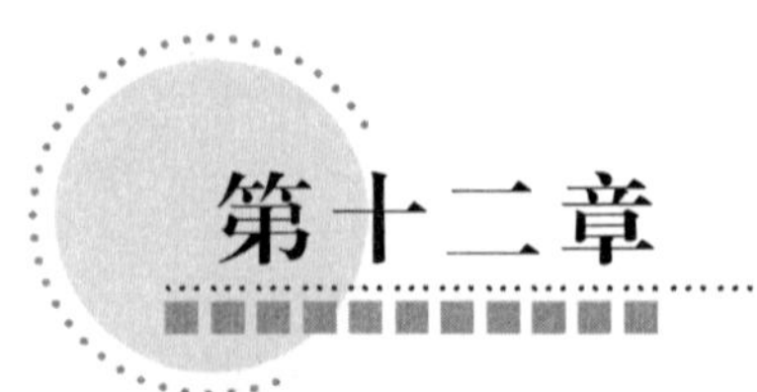

# 第十二章

# 盐城响水港建设对响水经济的影响*

江苏省盐城市响水县，坐落于长江三角洲城市群最北边，在连云港、淮安、盐城三市接壤处，与朝鲜半岛、日本九州岛隔海相望，东濒黄海，北枕灌河，西与灌南、涟水交界，南抵中山河。因为地理位置、金融实力、人口等多方面原因，响水县的经济一直发展缓慢，贫困人口数量较多，历年来响水县的经济都位于盐城市倒数第一位，是江苏省经济排行最末的五个县市之一。而响水港的出现让响水县得到了发展。响水港又名陈家港，港口常年不冻，在上海港以北 374 海里，在连云港以南 29 海里，是盐城市“一港四区”之一，主要承担散杂货和化工产品运输，主要临港产业有能源、造船、化工等产业。

## 第一节　响水港发展历史脉络

### 一、1949—1977 年

1949 年新中国成立时，中国港口十分落后，当时全国港口仅有 100 多个泊位，其中只有 5 个港口有万吨级深水泊位。港口码头岸线长度仅有 2 万多米，货物的总吞吐量还没达到千万吨。在 1949 年到 1957 年间，陈家港被划归到新海连市淮北盐特区，开发了港口、发展盐业生产，之后陆续建立了灌东盐场和港口码头、仓库等。1958 年陈家港划归滨海县，1966 年建立了响水县，陈家港正式归属于响水县。响水港在历史上是苏北地区重要的贸易口岸，一直被帝国主义侵略者强迫“开放”，为他们提

* 本章合作作者陈磊。

供原盐。响水港的码头和其他诸多码头也因为常年未修而损毁不堪，航道淤积严重，码头大多是装卸件杂货，作业方式简单，装备简陋，基本上处于人拉肩扛的状态。

## 二、1978—2008 年

随着改革开放的不断深入，响水港也在不断建设发展。但由于苏北经济尤其是响水县经济相对落后，使响水港没有得到人们的重视。1983 年，响水县推动港口向投资主体和经营主体多元化的方向去发展。招商引资和合资合作成为加快港口建设和发展的有效途径。港口在招商引资时，根据建设和发展计划，充分发挥自身的优势，寻找有利于港口发展的合作伙伴，共同进行码头建设和经营。响水县交通局于 1986 年 5 月形成了《响水县陈家港总体规划报告》，得到了省、市领导的高度重视。交通部、省政府于“七五”“八五”期间先后给响水港投资数千万元。因为灌河有良好的航运资源，有关部门就计划在灌河口建设 240 万千瓦大型火电厂，陈家港发电厂于 2007 年底开工。这个阶段的响水港区已有码头 27 座，其中一千吨的有 4 座、三千吨的有 2 座、五千吨的有 1 座，渡口码头有 2 座，船舶修理码头和客运码头各有 1 座。港区有仓库 32 座，总面积 1.7 万米$^2$，露天货物 15 万米$^2$，可储货物 120 万吨。码头生产用机械 156 套，供电和邮电的条件都良好。2000 年 5 月，响水港被省级政府批准为国家二类对外开放口岸。

## 三、2009—2012 年

2009 年 8 月 18 日，盐城港港口局在盐城市大丰市举行了挂牌仪式，从此盐城港港口局正式成立。为了适应沿海开发的新形势，让沿海港口得到快速发展，盐城市让大丰、射阳、滨海、响水 4 个港区一体化，组建盐城港，成立港口局，利用各自的资源，配合海兴公司等投融资平台，对岸线、滩涂等战略资源加强管理，保证沿海城市开发的科学，建设“一港四区”。“一港四区”的建立主要围绕着“打造亿吨大港、服务科学发展”的主题，以沿海港口的重点工程建设为龙头，提高港口发展的整体规模，港口的服务不断增加，四个港区的主要功能错位竞争，各司其职，响水港区主要是承担散杂货和化工品运输。2010 年是实行“十一五”规划的最后一年，也是建设全面小康社会重要的一年。2010 年 9 月，贯穿响水 24.659 公里的 204 国道响水段改建通车，这条重要的渠道南接苏南、上海，北通苏北、山东，带动了响水乃至盐城沿海的大开发和大开放；2011 年 8 月，326 省道沿海高速至陈家港段改扩建工程建成通车，有力推动了响水港沿海开发和灌河工业带发展。

## 四、2013 年至今

2013 年底，响水港区已建成码头生产型泊位 20 个，码头总延长线 1 609米。2014 年 11 月，响水县苗寨大桥工程建成通车，通榆运河两岸的阻隔问题被全面解决；2014 年 12 月，县迎宾大道改造工程建成通车，建成了沈海高速公路贯通响水港区货物集疏的快速通道。2016 年响水县的荣鑫港务 6 万吨级码头已成为江苏省最大的内河码头群，响水港货物吞吐量由“十一五”末的 12 万吨升至 2 000 万吨。2017 年 12 月，响水港被省政府按一类扩大开放口岸报国务院待批准。港区的主要码头和作业区及临港产业都被布局于沿灌河南岸一侧，14 个 1 万吨以上的泊位被建成。

响水港区有四个作业区，分别是大湾作业区、小蟒牛作业区、双港作业区、大桥作业区。截至目前，大湾作业区和双港作业区一期 5 000 吨级码头、小蟒牛作业区一期 5 万吨级码头、灌河口一期 2 万吨级航道整治等 13 项港航重点工程先后建成并投产；灌河 5 万吨级航道整治一期工程已结束并通航，灌河口 5 万吨航道整治二期工程被纳入国家交通运输部“十三五”补充项目，大桥作业区 4×1 000 吨级公用码头、小蟒牛作业区二期 2×5 万吨级码头即将竣工投产。2015—2017 年响水县沿海港口吞吐量连续三年蝉联全市第二名。2020 年响水加快推进了连申线响水段航道提档升级改造工程。响水港区已有各类码头 44 座、泊位 53 个，并且拥有内河航道 197.6 公里。

# 第二节　响水港发展对响水县经济社会发展的效应分析

### （一）促进了响水县经济的发展

随着港口的基础建设不断完善，港口对区域经济的影响更多是正向的，它能带动区域经济发展。“城以港兴”已成为学者们广泛接受的观点。响水县也因为响水港的发展，经济水平逐年上升。由表 12-1 可知，响水县 2010 年的 GDP 总值为 135.20 亿元，2011 年响水县 GDP 总值为 161.16 亿元，2010 年和 2011 年响水县 GDP 总值平均增长率达到 19%，实现这样的增长速度离不开响水港的建设发展。2012—2018 年，响水县 GDP 总值都在持续稳定地增长。响水县 GDP 增长态势良好，在港口建设驱动下未来会有更大的突破。

**表 12-1　响水县历年地区 GDP 总值**

| 年份 | GDP（亿元） | 增长率（%） |
|---|---|---|
| 2010 | 135.20 | — |
| 2011 | 161.16 | 19 |
| 2012 | 181.35 | 13 |
| 2013 | 203.12 | 12 |
| 2014 | 222.00 | 9 |
| 2015 | 244.30 | 10 |
| 2016 | 270.64 | 11 |
| 2017 | 319.91 | 18 |
| 2018 | 349.86 | 9 |

资料来源：《响水县统计年鉴 2019》。

由图 12-1 可知，响水县三大产业的 GDP 在 2016 年到 2019 年间都在稳定地增长，第一产业在 2018 年到 2019 年增长最多，第二产业在 2016 年到 2017 年增长最多，第三产业在 2018 年到 2019 年增长最多。第二产业是响水县三大产业中 GDP 最高的，而第三产业则是三大产业中发展速度最快的。随着响水港的不断发展，相信在未来响水县三大产业能够发展得更好。

### （二）促进了响水县基础设施建设和对外开放的发展

港口建设与地区公共基础设施建设有着正相关的关系。在港口交通运输业的发展过程中，交通运输方式相互制约、互相补充，极大促进了地区公共基础设施建设。如：在港口建设时需要安排港口的集疏运路线，地区原有的道路有不适应的地方，要进行扩建，要避免给城市交通带来压力。

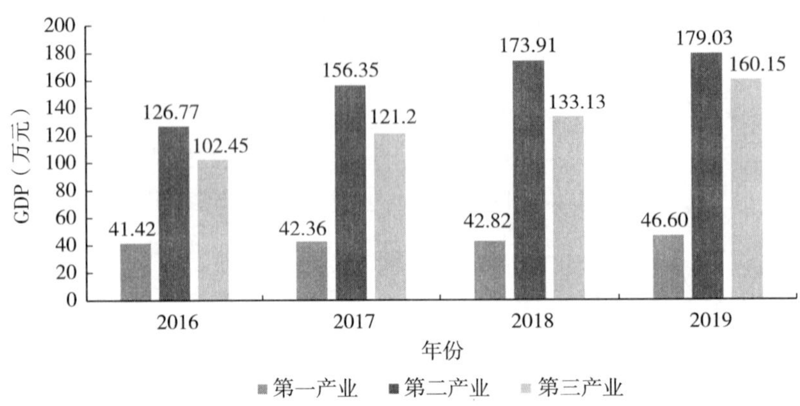


图 12-1　响水县三大产业 GDP

资料来源：响水县人民政府，http：//www.xiangshui.gov.cn/。

响水港的发展直接导致了对道路、铁路等公共基础设备需求量的增加，同时还为港口的物流业提供了基础。

港口是一个地区对外联系的窗口，对一个地区的经济、贸易、文化的发展至关重要。港口的发展能够促进区域经济贸易的发展，加强区域与外界的联系。2018 年响水县进出口贸易额达到 6.9 亿美元，并且同年响水县与上海奉贤区有了合作关系，在上海举办了制造业、科技产业人才等专题活动，获取了上海产业、科技、人才、金融等各类资源，签约了 41 个重大项目，达成 65 项合作共识，与中科院上海有机所等 15 个高校院所达成合作关系，引进了名师名医 11 人。

### （三）促进了响水县的金融、旅游、贸易、教育培训等产业的发展，提高了就业率

港口需要仓储、运输、物流、金融、保险、代理等相关服务业的支持，进而会带动这些产业的发展。

当货物到达响水港以后，一部分需要继续通过水路抵达目的地，而一部分无法通过水路继续运输时，就需要进行陆上运输。为了更好地完成货物的配送工作，就需要专业的运输服务，所以响水港为响水县的运输、配送业提供了极大的发展空间。物流是现代信息时代的产物，在响水县港口和物流中心，集聚了船东、货主、货物代理等，各类信息十分全面，互相之间都需进行信息的交换。货物的到港信息、装卸信息、报

关报检手续等，这些都需要网络技术和信息系统，所以港口带动了信息服务产业发展。港口还会吸引各个地方的企业、相关人士汇聚到一起，为了企业的第三产业得到发展，一些企业利用港口货物集中、交通便利的特点，把贸易场所转移至响水港中，形成交易中心，从而带动响水县贸易的发展。响水港作为苏北地区重要港区，要有发达的金融、保险产业，为大型的货物进出口提供融资、离岸金融服务，为船舶提供运输保险等服务，所以响水港直接带动了响水县的金融、保险业的发展。响水港不仅有二郎神大战灌河口、大鱼朝拜龙王等神话传说，还是张爱萍指挥所旧址，还有烈士陵园，这些带动了响水县的旅游业，吸引人们来响水县旅游或定居，这样又促进了餐饮业、房地产业的发展。响水港的发展建设，需要专业从事港口码头建设、港口安全生产等的人才，所以不但为响水县提供了众多的就业机会，还推动了响水县教育培训事业的发展。

## 第三节　响水港促进响水经济发展路径优化对策建议

响水港建设资金的来源渠道比较单一，主要依靠响水县开发平台的筹备，而响水县的开发平台承载力低，资金调度能力弱。由于建设资金的缺乏，致使港口基础设施建设项目不能及时完成，在一定程度上加重了港口的经营压力。响水港人才不足，特别是物流工程和物流管理人才缺乏，导致港口运输服务方式有限、物流企业的经营管理水平难以提高，制约了港口运输的快速发展。响水港对腹地经济的服务能力弱，腹地空间范围狭小，经济水平相对落后，由于货物结构等因素的影响，大量货源选择从上海港、连云港港等周边港口运输，致使港口的整体竞争力不足，对腹地经济的拉动作用不明显。针对上述问题，提出如下建议：

第一，加强港口建设，引进多方投资。在未来的发展中，响水港要本着“整合企业资源、共同进行投资、合作研究开发、利益共享”的原则，来让央企、社会资本等进行投资和融资，并共同学习参与港城经济区的开发建设和城市基础设施建设。加快响水港集疏运体系建设，让通港高速公路、货运专用通道、港口铁路支线等能够得到规划建设。通过提升公路主干线的贯通能力和港口的集散能力，来形成多方式、多层次和多功能的港口集疏运网络。

第二，吸引人才，培育创新能力。人才对于港口发展十分重要，响水港应该注重对人才的培养，坚持两条平行的道路，把引进人才和自主培养相结合。一方面，要加大面向全县乃至县外、市外和省外的高层次人才、专业人才的引进力度。但由于响水港所在地区位置上对于引进人才没有独特的优势，所以在引进人才方面，就需要政府在政策上给予一定的支持。可以制定科学的激励措施，如对从事技术研发、招商一线人才，提高其经济待遇，对个人的突出贡献予以奖励，来实现显著的效果。另一方面，要培育创新型人才，把创新能力建设作为核心，加强专业技术队伍的建设，特别是要加强港口运营管理、专业技能等急需紧缺人才的培养。加大力度培养本土人才，建立人才培训基地，增加教育培训形式，多渠道开展联合培训，创造对人才成长和创业有利的社会环境，实现以港区培育人才。

第三，扩大产业规模，拓展经济腹地范围。响水港与长三角核心区的对接和融合，对盐城市经济发展有着巨大的推动作用。为了加快融合，响水港要利用自身的区域优势，去承接重大临港产业项目的转移。一方面要让机械制造、修造船、新材料和新能源等产业向临港聚集，要不断拓展产业的规模，培育临港产业因聚集而产生的辐射效应。不断扩大响水港业务的市场空间，加紧建立产业工业园区和新能源产业、重化工业、先进制造业生产体系，把产业和港区相联合，来提升临港经济的整体竞争力。另一方面要扩大响水港的经济腹地范围。把原有的腹地巩固好，将间接腹地变为直接腹地，直接腹地变为腹地中心地带，恶性竞争腹地变为竞合关系腹地；加强对周边省市的辐射，以提升响水港的影响力，来让辐射面积扩大和吸引更多的货源。

第四，推进开放型经济发展，引进信息先进技术。在经济全球化的发展背景下，响水要积极培育竞争新优势，开拓外放型经济发展的新空间。去积极地发现贸易发展的新技术和新途径，使服务贸易的实力和竞争力得到全面完善，如建设智能转运平台，利用网络去提高多式联运的运行效率和响水港的自动化水平；抓住建设自贸区的机会，让响水港的经济发展更加具有规范性和安全性。外向型经济不但会成为响水港发展的坚实后盾，还会为响水港带来更多的机遇。

## 第四节　小　　结

李健[①]在《港口发展对区域经济的贡献分析——基于江苏省沿海三市港口的比较》中运用整体面板数据模型和分地区时间序列模型，使用 1998—2015 年的数据，对三个沿海城市港口的发展对区域经济的影响进行了深刻的研究，得出了港口发展对区域经济存在显著的促进作用的结论。赵培阳[②]在《广东港口贸易与区域经济发展的动态关系研究——基于 VAR 模型的实证分析》中运用 VAR 模型，以广东省为例，研究了广东省港口发展与区域经济之间的动态影响关系，得到了港口经济能够为区域经济发展提供一定的支撑力，也为地区内的产业发展提供了发展空间并奠定了基础的结论。周宝刚等[③]在《辽宁沿海港口与区域经济互动发展影响研究》中运用相关分析方法研究了沿海港口与区域经济各指标之间的相关系数，得到了辽宁沿海港口经济发展带动了区域内的消费需求，而港口经济发展对区域经济进出口总额带动作用较小的结论。孟飞荣、高秀丽[④]在《港口与直接腹地经济耦合协调度及其影响因素研究——以环北部湾港口群为例》中通过构建港口与腹地经济耦合协调发展指标体系和协调度评价模型，来测度港口与其所在城市的腹地经济耦合协调度，再加上港口经济腹地因素的实证分析，得出了港口基础设施、腹地经济结构和腹地经济质量对协调度的影响作用并不显著的结论。

本章以盐城响水港为例，运用港口经济和区域发展的相关理论，结合

① 李健．港口发展对区域经济的贡献分析——基于江苏省沿海三市港口的比较［J］．资源开发与市场，2017，33（6）：695－698.

② 赵培阳．广东港口贸易与区域经济发展的动态关系研究——基于 VAR 模型的实证分析［J］．山西经济管理干部学院学报，2019，27（1）：49－54.

③ 周宝刚，江珊，张丽凤，等．辽宁沿海港口与区域经济互动发展影响研究［J］．科技与管理，2019，20（4）：9－13.

④ 孟飞荣，高秀丽．港口与直接腹地经济耦合协调度及其影响因素研究——以环北部湾港口群为例［J］．地理与地理信息科学，2017，33（6）：94－100.

港口和城市发展现有的数据，来分析港口对区域的影响和引领区域发展的过程。通过研究发现，响水港的发展对响水县经济的发展有着直接的促进作用，促进了响水县基础设施的建设，带动了响水县旅游业、保险业等产业的发展；对盐城市的发展也有着积极的促进作用，响水港还为江苏沿海地区融入长三角提供了新的通道。

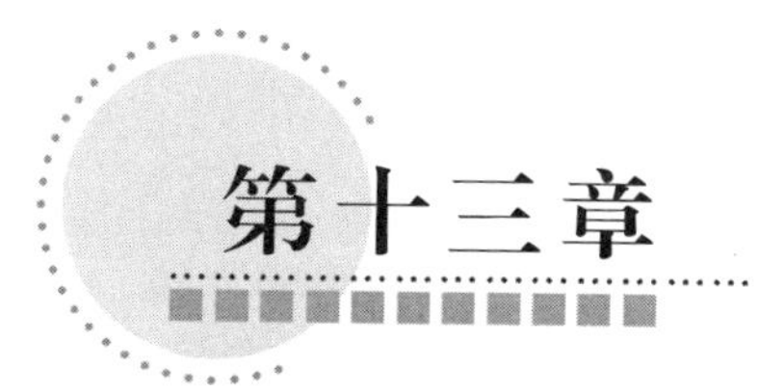

# 第十三章

# 盐城滨海港建设对盐城经济的影响*

发展盐城滨海港是江苏省发展港口战略的重要着力点。盐城滨海港处于环渤海经济圈和淮海经济区交汇处，也是淮河生态经济带和长江经济带的接合部，是连接南北、贯通东西的经济走廊。除此之外，滨海港是我国第三大河流——淮河入海口。淮河入海道二期工程国家已经开始规划准备，滨海港是淮河流域重要的出海门户，河南、河北、安徽等内陆省份都受到了它的影响带动。在江苏省内，滨海港距离日韩两国较近，不管是从旅游还是航运方面来说，都给江苏带来了极大的便利。国家沿海开发战略要求江苏在沿海开发中，要“立足沿海、依托长三角、服务中西部、面向东北亚”。而滨海港的独特优势，对江苏沿海面向东北亚起到了支点作用。

## 第一节　滨海港发展历史脉络

### 一、新中国成立初期至改革开放

滨海县沿海地区拥有 44.6 公里海岸线，深水贴岸，得天独厚；－15 米等深线距岸 3.95 公里，是江苏沿海建设 10 万至 15 万吨级以上深水码头距岸最近点之一，也是淮河流域唯一出海通道。在 20 世纪 50 年代，我国将“恢复生产服务”作为航运的工作重心，在规划的第一个五年计划中明确指出“重视水运，发展水运，将水运作为一种最经济的运输，必须要提高水运在我国运输中所占比例，充分发挥水运的作用”，在第一个五年

* 本章合作作者骆善来。

计划提出之后，我国沿海城市迅速响应，促进港口恢复，不断完善基础设施建设，从 1949 年到 1978 年改革开放之前，滨海港口同全国港口一样，港口建设一直都在恢复发展中。

## 二、改革开放至 2016 年

2016 年 12 月海关总署印发《国家口岸发展“十三五”规划》，盐城滨海港成为江苏唯一新增的一类独立开放口岸，盐城与连云港、南通、常熟、连云港航空口岸 5 家作为扩大开放口岸被列入发展规划。滨海县紧紧抓住沿海开发和“一带一路”倡议叠加机遇，把滨海港作为沿海发展龙头。截至 2016 底，滨海港 5 个新开工项目和 7 个跨年度续建项目完成总投资 65 亿元。沿海港口货物吞吐总量达 7 264.08 万吨，同比增长 4.2%，其中集装箱完成 17.43 万标箱，同比增长 10.3%；外贸吞吐量共完成 1 849.75 万吨，同比增长 17.5%。滨海县还大力实施沿海开放开发带动战略，积极构建以沿海港口、疏港高速公路、疏港航道为重点的沿海综合交通运输大通道。2016 年底，滨海港区 10 万吨级通用码头 2 号码头主体结构基本建成，万吨级通用码头开港试航。此次开港通航的 10 万吨级通用码头是滨海港多式联运码头之一，设计年通过能力 350 万吨，总投资 23.5 亿元。

## 三、2017 年至今

2017 年 9 月，滨海港一类独立开放口岸正式获得国务院批复。国务院正式批复江苏省人民政府，同意江苏盐城港滨海港区对外开放的请示，并明确对外开放水域、岸线及泊位范围，以及对外开放后查验任务承担职能单位等。这是盐城沿海开放开发取得的又一重大突破，至此，盐城港“一港四区”海上大通道与世界直航实现“全覆盖”。十多家国内一流科研机构的 100 多位专家教授，经过 20 多年的勘测研究后一致认为：滨海港是江苏沿海建设 10 万～15 万吨级码头条件最好、投资最省的深水良港。滨海港已是国家经济战略布局上的黄金节点。截至 2019 年底，滨海港区建成、在建泊位共 8 个，包括北区 10 万吨通用码头泊位 2 个、国家电力投资集团煤炭码头装船泊位 2 个（3.5 万吨级和 5 万吨级）和卸船泊位 2 个（7 万吨级和 10 万吨级）、南区 5 万吨级液体散货码头泊位 1 个、重件泊位 1 个，形成码头泊位长度 2 117 米，综合货物通过能力 4 840 万吨；建成 10 万吨级进港航道（一期 5 万吨级）。港区堆场面积约 50 万$米^2$，煤炭球形仓 2 个；码头配套规格起重机 6 台、卸船机 3 台、煤炭带式输运系统 1 套及其他相应的转运配套设施。2019 年货物吞吐量 500 万吨，主要货种为煤炭和矿建材料。为满足企业需求，滨海港正在建设 15 万吨级的 LNG（液化天然气）码头和 4 个 22 万$米^3$ 的 LNG 储罐。同时为配套项目落地，拟开发建设 20 万吨级航道及防波堤工程、30 万吨级码头工程。2019 年，国家级一类口岸滨海港工业园区开发范围已经划定。根据盐城市委、市政府印发的《盐城市滨海港工业园区管理办法》，盐城市滨海港工业园区总体规划开发建设范围为：东至黄海、南至淮河入海水道、西至 G228、北至灌河（包括灌东盐场在陈家港镇区区域），主要包括灌东盐场、新滩盐场、响水工业经济区、滨海沿海工业园、滨海港经济开发区、滨海港经济区和陈家港镇、滨海港镇相关区域。2019 年滨海对 10 大类 100 个城建交通重点项目完成投入 115 亿元，省道 328 滨海段、陈新线、滨樊线等重点工程建成通车，滨海大道、北海大道等骨干道路加快建设，“三环九纵九横”快捷路网、城市 10 分钟交通圈、公交客运站场等便民服务项目加快推进，市民归属感不断提升。

## 第二节　滨海港发展对盐城经济社会发展的效应分析

盐城滨海港在 2017 年 9 月获得国家批准成为国家一类开放口岸，加强了与世界各国的海上合作交流。同时滨海港具有独特的建港优势和广阔的发展前景，引起了各方资本的关注。但滨海港起步较晚，周边的连云港、青岛、大丰都有枢纽港，所以滨海港不直接做枢纽港，而是差异化发展，错位式竞争，先做产业港、能源港。近年来，滨海港积极响应国家“一带一路”倡议，按照《江苏沿海地区发展规划》中明确要求，利用好滨海港地区自身的区位优势，用央企国企等大项目去促进滨海港建设，以能源产业布局，完善港口基础设施建设，推动港口地区全面发展。这一规划定位，牢固确立和奠定了滨海港作为我国东部沿海具有重要影响的能源大港、产业大港的发展方向和地位。

## 一、增加了盐城港口的吞吐量

滨海港区作为盐城市的“一港四区”之一，为盐城市带来了经济效益。由表 13-1 可知，2015 年滨海港吞吐量为 5 000 万吨，盐城市的港口吞吐量为 11 251 万吨，滨海县占比为 44%，占据了盐城整个港口货物吞吐量的近半壁江山；2016 年滨海县的港口吞吐量占盐城市的 68%，比上一年增加了 24%；2017 年滨海县的港口吞吐量占盐城市的 71%，比上一年增加了 3%。滨海港是盐城市的重要港口，从 2016 年起滨海县的港口吞吐量一直占盐城市港口吞吐量的 50%以上，也在很大程度上促进了盐城市的发展，给盐城市创造了更多的 GDP。

**表 13-1　港口货物吞吐量**

| 年份 | 滨海县（万吨） | 盐城市（万吨） | 滨海县占比（%） |
|---|---|---|---|
| 2015 | 5 000 | 11 251 | 44 |
| 2016 | 7 964 | 11 776 | 68 |
| 2017 | 9 000 | 12 707 | 71 |
| 2018 | 9 800 | 14 358 | 68 |

资料来源：历年《盐城统计年鉴》。

## 二、促进沿海绿色能源产业的崛起

绿色能源产业是沿海开放发展的“聚宝盆”。国家电投集团协鑫滨海发电项目作为滨海县打造沿海综合能源产业体系的龙头项目之一，有力推动沿海开发不断向纵深迈进。加快风电新能源发展，是滨海县实施沿海绿色开发的一个具体体现。在滨海港东侧 20 海里的海面上，由国家电投集团投资的 125 台风机组成的海上风电阵列，源源不断为国家电网输送着绿色清洁能源，也成为滨海县沿海开发中一道亮丽的风景线。目前，滨海北 H1 和 H2 海上风电项目总装机容量达到了 50 万千瓦，体量成为国内第一。接下来，会向周边地区输送更多绿色能源，助力经济社会发展。

在港口开发建设中，滨海县始终坚持高端引领、秉承绿色发展理念，打造可持续发展的生态型港口。在临港能源产业项目上，始终坚持引进科技含量高、投资体量大、产业带动强、环境友好型的重大项目，不断提升产业区能源环保产业的集聚效应，立体筑牢“绿色门槛”。国家电投200万千瓦火电投入运营，成为全县首家开票超30亿元的项目。亚洲最大单体海上风电场建成运营，清洁能源总装机容量达到了187万千瓦。基本建成较为全面的绿色能源产业体系。2018年4月建成目前亚洲单体规模最大的海上风电场，由国家电投集团投资建设的江苏滨海北H2＃400兆瓦海上风电项目，建设海域位于滨海县北部，中心离岸22公里，涉海海域面积120平方公里，安装100台上海电气4兆瓦风电机组。项目的勘测设计过程中，借鉴了欧洲先进理念，结合对江苏省海域风资源、地形地质、海洋水文等全要素环境条件的全面掌握，采用多项自主创新技术，展现了海上风电行业的国际一流水平。该项目正式运营后年发电量约110亿千瓦时，实现年收入40亿元，税收总额超过8亿元，可以为当地提供近2 000个就业岗位，同时也有效减轻了华东区域供电压力，大大降低了为企业提供的工业用电价格，成为长三角地区重要的能源支撑。

## 三、加快了国有大企业落地的步伐

中国海洋石油总公司是我国最大的海上油气生产商和液化天然气供应商。2018年6月28日，在滨海港投资总额将近145亿元的中国海洋石油集团有限公司与滨海港LNG项目正式启动，中海油江苏滨海LNG项目是响应国家发展战略从而实施的大型基础设施建设项目，也是盐城滨海港打造综合能源产业基地的重要一步。项目规划建设一个10万吨级LNG码头、天然气储存区、输气管道等基础工程，形成天然气的生产、供应、储存和销售体系，保证天然气的供应稳定。该项目积极响应了党中央提出的“制造强国”战略，首次使用中国海油自主研发的22万米$^3$储罐建造技术，不仅彻底打破了国外多年垄断的知识产权，也创造了国内最大LNG储罐建设的先例。一期规模300万吨，2020年建成投产后，总规模达500万吨，年销售收入约270亿元，其中贸易收入约250亿元，加工开票收入约20亿元，同时该项目对物流、冷能利用等产业带动效应明显，可提供约500个就业岗位。中海油LNG项目的加快推进，对滨海港打造新型综合能源产业基地，催生新的经济增长点，都将产生重大而深远的影响。

### 四、承接了长江经济带产业的转移

中国宝武钢铁集团总部位于上海，是中国钢铁业龙头企业。宝武集团借鉴了国内外现代化大型钢铁企业的布局经验，经过多轮严谨的科学论证，确定项目落户滨海港工业园区，依托园区在港口、物流、土地等方面的综合优势，打造智能化水平领先、环保水平领先、设备工艺领先、全球最先进的全流程钢铁联合企业。2018 年 11 月，中国宝武钢铁集团有限公司与江苏省人民政府、南京市人民政府、盐城市人民政府分别签署《战略合作协议》，达成了战略合作伙伴关系。首先双方以市场为主，统筹规划以及对相关产业结构进行适当调整，共同推进宝武钢铁集团的产业转移以及转型发展，推动钢铁产业在江苏沿海地区转移。其次根据双方签订的协议以及南京地区钢铁转型升级计划，共同研究制定了滨海地区钢铁集团新型基地方案，争取在 2028 年之前，将南京地区的钢铁产业一步一步迁到盐城，在盐城滨海港建设新大型钢铁生产基地，以港口为依托、以钢铁作为新的增长带，建设好产业港，实现钢铁的区域转型升级。最后在滨海港宝武钢铁集团建设基础设施的同时，将高质量、高效率作为首要目标，竭尽全力与各方面积极沟通合作，不仅仅将合作局限于钢铁方面，更是将合作深化，在港口发展、物流运输等方面展开全方位、多层次合作。双方共同在盐城市滨海港工业园区布局建设 2 000 万吨级规模的“绿色、智慧、精品”钢铁生产基地，加强在港产、港口、港城等领域的投资与合作，采取积极措施，落实相关事项，协同推进项目落地。

## 第三节　滨海港促进盐城工业化未来趋势展望

滨海港工业园区地处黄海之滨，坐拥淮河生态经济带出海门户，是“一带一路”倡议与长江经济带、长三角一体化等多重国家战略交汇区域，具有独特的通海、达江、连河优势。园区与日本、韩国隔海相望，是承载长三角辐射，带动沿海地区合作发展，打通淮河流域最便捷、最经济出海通道的重要区域，也是盐城沿海发展的主战场、主阵地，对盐城经济的贡献率很高。盐城滨海港工业园区具备五年再造一个“新盐城”的潜力，发展前景无限。

第一，接轨上海，拓展开放沿海新路径。做好《盐城港滨海港港区总体规划（2020—2035年）》与盐城港总体规划、内河港总体规划、市县国土空间规划等规划的衔接工作。盐城接轨上海历史可以追溯到1992年，当时盐城与上海就开展了经济技术合作，并一直延续至今。盐城滨海要与上海宝山区全面开展合作。宝山区是上海的"北大门"，是上海联系长三角和长江流域的重要门户，更是上海国际经济、金融、贸易、航运、科创"五个中心"建设的重要功能区和打造上海服务、制造、购物、文化"四大品牌"的重要承载区。滨海通过与宝山区全面合作，进行板块对接、部门交流、民间交往等各项活动，全面深化在产业转移、园区共建、沿海开发、科技人才、文化旅游和社会事业等各领域的交流合作，实现共同达成加快打造上海先进产业转移基地、科技创新转化基地、生态旅游康养基地、优质农产品供应基地和公共资源服务合作基地的目标。滨海工业园与奉贤区综合经济开发区合作共建要进一步巩固和拓展；要与金山区合作推进汽车零部件、新医药、新材料产业发展；深入开展与山阳镇、漕泾经济园区开展经济合作；拓展与普陀区的合作共建，向文化旅游、教育卫生、经贸合作等多领域拓展。

第二，建设大型综合口岸，构建便捷交通运输体系。推进港口基础设施建设，提升港区承载能力，实现规模化、现代化、集约化。临海是滨海最大的资源优势，一是抢抓沿海开发重大机遇，加速构建开放通道，借"海"登高，推动县域经济与临港经济融合发展，实现让沿海开发在港口的"点上突破"转化为在全县域的"面上开花"。二是按照"建设大口岸、构建大交通、推动大发展"的思路，加快构建完善以港口为龙头、以"六纵六横"骨干路网和高铁站枢纽为支撑的现代化综合交通运输体系，配合做好盐通高铁、滨海港区20万吨级航道、淮滨高速、疏港铁路等重点工程推进工作，加快打通河海走廊、实现海河联动。三是建设好滨海港铁路支线。滨海港铁路支线项目线路走向初定为东起滨海港港区、西接连盐铁路滨海港站，线路全长50.9公里，投资估算40.8亿元。加快铁路专用线建设能够优化调整运输结构，还可以促进多联式运输方式，降低物流成本，更有效地打通铁路运输的"最后一公里"。作为新建单线货运铁路支线，将加速构建出海开放通道，发挥综合交通效能、提升经济及社会效益。

第三，打造“生态旅游区”，展示海河文化历史和魅力。海是滨海港最大的资源优势，滨海港港口资源、海洋资源、旅游资源丰富，先天优势明显。滨海港经济开发区积极打造月亮湾旅游度假区，展示海滨特色风情，吸引了众多游客、市民前来参观游玩。目前，海滨风情小镇项目已完成投资 12.5 亿元。滨海港月亮湾旅游度假区规划面积 20 平方公里，规划建设海佛禅寺、温泉浴场、灵龙湖生态公园、月堤海景公园、月亮湾度假酒店、海鲜美食广场等 10 大类 50 个项目，力争用 3 年时间打造成省级旅游度假区，5 年创成 AAAAA 级旅游景区、国家级旅游度假区。

此外，滨海港依托盐城唯一近海岸线和古黄河入海口独特资源，积极打造黄海领海基准点、亚热带与温带临海分界线点等标志性节点景观，加快建成黄海博物馆、沙浦寨水浒遗迹公园等重点旅游项目。未来，滨海港将展示海河文化历史和魅力，形成旅游度假、休闲养生、观光体验等旅游业态，叫响月亮湾生态休闲旅游品牌。如今的滨海港，正抢抓江苏沿海开发、淮河生态经济带建设等多重国家战略叠加机遇，聚焦海洋经济，统筹推进港口、港产、港城“三港”联动发展，进一步构筑沿海开放开发新格局，加快实现盐城工业化。

## 第四节　小　　结

港口经济学是第二次世界大战后出现的一门应用性的经济学分支学科，它以港口的经济活动作为研究对象。港口概念有狭义和广义之分。狭义的港口，是指进行一些具体的业务活动，如船舶停靠、货物装卸作业和旅客上下等的场所。广义的港口是指一个国家或一个地区范围内港口区域的总称，包括与港口有密切依存关系的各种产业所在的区域，例如，自由贸易区、出口加工区、港口工业园区等。港口经济学既研究港口具体业务的经济活动，也研究港口区域的经济活动，主要以后者作为研究的重点。在国外，第一篇港口经济影响文献是 1953 年由美国特拉华河港务局①发表的《每一吨货对地区经济的价值，费城港口区》，文章对港口的直接经

① Delaware Rver Port Authority. The Value of a Ton of Cargo to the Area Economy，Philadel-Phia Port Area [R]. 1953.

济影响进行了衡量，这是港口经济研究的一个重要开始。报告研究了在费城港口地区，每装卸1吨货物的直接耗费和收入，以1954年吞吐量估计数为基础进行计算，得出的结论是该地区7 951万吨吞吐量给当地带来的直接收入超过6.1亿美元。此后，港口经济影响的研究文献不断出现。G R Yochum 教授等人[①]从微观角度，通过对弗古尼亚港的研究，分析得出港口活动使三类不同产业获得效益：港口必需产业、港口吸引产业以及港口相关产业。通过这些产业与港口活动的关系，可以计算出其相互之间的影响。Tai－Yong Tan[②]通过对比新加坡港和印度加尔各答港的发展历程，从经济、历史文化等多个角度分析了港口经济和腹地经济之间相互影响的实际情况，探讨了不同国家港口与腹地关系发展变化的内在一致性。

李欣悦[③]采用SOWT分析法，分析了盐城的优势、劣势、机会和挑战，对盐城市沿海经济带建设的相关因素进行分析，综合地对盐城沿海经济带建设提出一些具有针对性的建议。黄新政[④]以区域经济学、产业经济学等相关理论作为理论基础，以钦州港为例，构建港口工业影响城市经济的机理图以及影响途径，研究结果表明，钦州港工业的发展给港口地区以及全市创造了更多的财政收入，政府将这些财政收入用于基础设施建设、改善投资环境、引进人才技术等，给该城市带来发展乘数效应。

21世纪是海洋世纪，将海洋运输作为核心的港口产业俨然成为世界各沿海国家互相竞争的重要范畴。对于一些相对落后或者起步较晚的沿海地区来讲，大力发展港口基础设施建设加速了港口工业化进程，同时工业化的发展又促进港口建设水平的提升，二者相辅相成、互相促进。本章主要研究盐城滨海港建设如何促进欠发达地区工业化进程，以及工业化进程对港口建设的影响。研究发现，盐城滨海港发展对滨海县和盐城经济发展促进作用很大，增加了盐城港口的吞吐量，促进了沿海绿色能源产业的崛

---

① G R Yochum，et al. The Economic Impact and Rate of Return of Virginia's Ports on Thecommonwealth [M]. Norfolk，1989：44－53.

② Tai－Yong Tan. PORT Cities and Hinterlands：A Comparative Study Singapore and Calcutta [J]. Political Geography，2007（26）：851－865.

③ 李欣悦．港口物流与城市经济协同发展研究［J］．船舶物资与市场，2020（1）：85－86.

④ 黄新政．港口工业对城市经济发展影响分析——以北部湾广西经济区钦州港为例［D］．北京：北京交通大学，2017.

起，加快了国有大企业落地的步伐，承接了长江经济带产业的转移，有力地推动了滨海县和盐城市工业化进程。两地工业化的推进，又对滨海港长远发展提出了新的要求，需要滨海港加强与上海港口合作，建设大型综合口岸，打造生态旅游区。一个“以港兴业、以业哺港、产港互动”的发展模式正在形成，生动诠释了后发地区港口建设对于工业化的重要性，经过五年的建设，滨海县 GDP 有可能达到盐城 2019 年的 5 000 亿元水平，再造一个“新盐城”。

# 第十四章

# 盐城融入长三角一体化交通指标评价体系构建*

随着社会的发展，交通运输系统已成为区域经济系统的重要组成部分，在整个区域经济大系统中所起到桥梁和纽带作用。完善的交通运输体系能为一国或地区经济发展带来巨大的经济效益，经济效益的提高反过来会使国家或地区加大对交通运输设施的投入力度，从而更好地服务于经济发展。综合运输体系的建设和发展是交通运输发展到一定阶段的必然产物，综合交通运输体系是在政府的引导下对各种运输方式的一种综合管理，是一个多种运输方式优化配置的交通网络系统，是集铁路运输、公路运输、港口运输、航空运输等为一体，进行分工协作、优势互补、有机结合、连接贯通、合理布局的交通运输综合体。

长江三角洲地区处于我国东部沿海开放城市带和沿长江产业密集城市带两大经济发达区域的交汇处，既是世界六大城市群之一，也是我国最发达的地区之一。江苏沿海地区包括南通、盐城和连云港三个城市，是长江三角洲城市群中的重要组成部分。江苏沿海地区发展上升为国家战略后，盐城作为江苏沿海地区中较为后发的城市，积极参与长三角区域一体化发展。近年来，盐城正逐步构建起集高速公路、铁路、航空、港口于一体的立体式交通运输综合网络体系，交通运输业获得突飞猛进的发展，交通基础设施不断改善，运输能力进一步提高，已经进入网络结构更加优化、衔接协调更加流畅、一体化服务水平更高的新阶段。盐城综合交通运输体系的飞速发展，加快了盐城融入长三角地区一体化的步伐，盐城市正逐步成

* 本章合作作者王紫薇。

为长三角中心区域城市之一。

# 第一节 盐城交通运输综合体系建设现状与不足

## 一、盐城交通运输综合体系建设现状

### （一）铁路建设

身处长三角一体化和淮河生态经济带两个国家战略的交汇点，盐城正加速驶入“高铁时代”。近年来，铁路运输在盐城新兴发展，盐城市全力以赴推进“5+1”高速铁路网建设。目前，盐城市铁路系统主要包括新长铁路、徐宿淮盐铁路、连淮扬镇铁路、盐宁高铁联络线、连盐铁路，在建的有往上海、宁波方向的盐通铁路，规划建设的项目有往杭州方向的盐泰锡常宜铁路。其中，新长铁路远期建设新长铁路复线，发展盐城至上海间城际客运专线。徐宿淮盐铁路起于徐州，经宿迁、淮安至盐城，与新长铁路连接，是完善苏北路网，促进徐宿淮盐城镇轴发展的重要通道。连盐铁路将与青连铁路、新长铁路、沪通铁路一起构成北接渤海湾地区、南达浙赣闽的国家级沿海铁路大通道，可有效提高沿海港口集疏运能力，促进江苏沿海经济发展。盐通铁路是中国“八纵八横”高铁网的第一纵沿海铁路的重要组成部分，也是串联“一带一路”建设和长江经济带发展战略的重要交通脉络，与青盐铁路、徐宿淮盐铁路、沪通铁路、南沿江城际铁路和通苏嘉甬城际铁路形成无缝对接，将推动江苏沿海地区加快融入长三角区域，对促进苏中、苏北振兴具有十分重要的意义①。盐泰锡常宜铁路是加强苏锡常都市圈对江北地区的辐射与带动、紧密苏浙两省联系的快捷通道。2020 年底，盐城开通到上海的动车。由此，盐城市形成了以高铁站为主的综合客运枢纽和由连盐铁路、新长铁路、大丰港支线等共同构成的 X 形铁路骨架，盐城正全面融入长三角地区高速铁路网，打造东部沿海重要的区域交通枢纽。盐城铁路建设情况见表 14－1 和图 14－1。

① 倪鹏飞，李冕．长三角区域经济发展现状与对策研究［J］．中国市场，2016，9（41）：21－23.

**表 14－1　盐城市铁路建设一览表**

| 铁路名称 | 江苏省境内里程（公里） | 时速（公里） | 起止地 | 建设年份 |
|---|---|---|---|---|
| 青盐铁路 | 232.2 | 200 | 青岛—盐城 | 2013—2017 |
| 徐宿淮盐铁路 | 313 | 250 | 徐州—盐城 | 2015—2018 |
| 新长铁路盐城至海安段 | 152 | 120 | 新沂—长兴 | 2015—2017 |
| 盐通铁路 | 156.6 | 359 | 盐城—南通 | 2018—2020 |
| 盐泰锡常宜铁路 | 270 | 350 | 盐城—宜兴 | 2019—2025 |

资料来源：盐城交通运输局，http：//www.ycjtj.gov.cn/。

图 14－1　盐城市铁路网

## （二）公路建设

“一纵一横一联”高速公路联网畅通，“六纵十二横”干线公路网基本形成，高速公路、普通国省干线公路和农村公路建设统筹协调推进，盐城市形成了以高速公路为骨架，以干线公路网为主体的公路网络。盐城市公路等级和覆盖水平正不断提升，2020 年，全市公路总里程达 25 991 公里，其中，高速公路 396 公里、一级公路 1 808 公里、二级公路 2 842 公里。

公路网国土密度由2010年底的每100平方公里122.9公里上升至2020年的每100平方公里153.8公里。见表14-2。

**表14-2　2010—2020年盐城公路资源概况**

单位：公里

| 年份 | 2010 | 2015 | 2016 | 2017 | 2018 | 2019 | 2020 |
|---|---|---|---|---|---|---|---|
| 公路总里程 | 18 415 | 19 526 | 19 568 | 23 667 | 24 622 | 24 613 | 25 991 |
| 高速公路 | 322 | 359 | 396 | 396 | 396 | 396 | 396 |
| 一级公路 | 802 | 1 394 | 1 393 | 1 394 | 1 628 | 1 661 | 1 808 |
| 二级公路 | 2 252 | 2 495 | 2 531 | 2 553 | 2 779 | 2 924 | 2 842 |

资料来源：盐城市统计局 http：//tjj. yancheng. gov. cn/。

目前，盐城市公路主要有：沿海高速公路（江苏段），途径连云港、盐城、南通三市，路线全长403.28公里。沿海高速公路自苏鲁交界至灌云段为四车道高速公路，其余路段采用六车道高速公路标准。这条高速公路是盐城境内最为重要的线路，在沿海开发中起着重要的作用。宁靖盐高速公路，在盐城市区西南方向，向南最远可至南京，向北可至连云港，基本与沿海高速平行，是盐城通往苏南地区的重要通道，是盐城境内重要的高速公路。盐徐高速公路，是横贯苏北腹地的重要的东西向交通要道。沿海高速公路（江苏段）、宁靖盐高速公路、盐徐高速公路这三条公路已经相互贯穿，构成了环盐城城区的高速圈。当前，在江苏新一轮高速公路网规划中，盐城新增盐宁高速、滨海至淮安高速、盐城至射阳高速、兴化至东台高速、临沂至盐城高速5条线路。但是，盐城到上海公路建设资源仍处于匮乏状态，距离远，时间长，无直通高速，因此也就给盐城接轨上海带来一定的阻碍。应进一步加密完善高速路网，使盐城未来对外通达更加便利。

### （三）机场建设

盐城南洋国际机场，在改革开放初期为军民合用机场，2000年3月29日正式开通民航航班，2009年盐城南洋机场国际空港口岸实现对外开放，是江苏省继南京禄口机场后第二家一类航空口岸。盐城南洋机场布局合理，设备先进，功能完备，可保障波音737、空客320、麦道82等中型以下客机全载起降，设计年客、货吞吐能力分别达35万人次和1.5万吨，具有开放口岸区位优势和立体交通网络优势。开航十几年，盐城民航站先后开通了盐城至韩国首尔、北京、广州、温州、桂林、大连、上海、南通、徐州、昆明、长沙、三亚、哈尔滨、香港、台北、台南、武汉、泰国曼谷、高雄等航线航班。2018年，南洋机场实现旅客吞吐量149万人次，民航在综合交通枢纽“一张网”中的地位和作用日益凸显，也加快了盐城国际化发展步伐。以机场为依托的航空物流业方兴未艾，全省第三家、苏中苏北首家国际快件监管中心即将在盐城建成运营，届时盐城机场将成为国际航空物流体系的重要节点，为推动中韩（盐城）产业园建设发挥重要作用。但是盐城作为长三角城市群中的新兴城市之一，与长三角中心城市上海直达航班数较少，而中转时间较长，盐城交通综合体系在航空交通运输建设中仍需要进一步完善。

### （四）港口建设

2019年6月，盐城港“一港四区”已建成19个万吨级以上码头泊位，跻身中国全国沿海亿吨大港行列。盐城港处于“一带一路”与长江经济带连接点、江苏沿海中心枢纽位置，对外通达东南亚、欧洲各大港口，对内连接陇海线直达中亚地区，联通俄罗斯、韩国、菲律宾等“一带一路”沿线国家。盐城港是江苏省沿海区域性重要港口，是上海国际航运中心的喂给港和连云港港的组合港，是盐城市和苏北地区实施沿海开发战略、加快发展外向型经济及推进工业化进程的重要依托，是以通用散杂货、石油化工和集装箱运输为主，有条件发展成为多功能、综合性的现代化港口。全市沿海共有一类口岸4个，拥有码头泊位59个，泊位总长度3 729米，综合通过能力1 816万吨。2010年四个港区完成港口货物吞吐量1 107万吨，集装箱3.7万TEU*，同比分别增长33%和108%，跨入全国规模港口行列。盐城港有四个港区，分别是大丰港区、射阳港区、滨海港区和响水港区。大丰港区是盐城港的主港区，以通外海进行国际贸易运输为主；射阳港区以散杂货、石油化工和集装箱运输为主，逐步发展临港工业和现代物流；滨海港区以服务后方临港工业开发为主，逐步发展部分公用货物运输功能；响水港区以承担散杂货和化工品运输为主。盐城作为沿海城市，港口运输是其最早发展传统经济的途径，盐城港口在长三角的交通运输综合体系中具有重要作用，是沿海地区航运的重要枢纽（图14-2）。

---

* 注：1个TEU为1个约6米长集装箱。

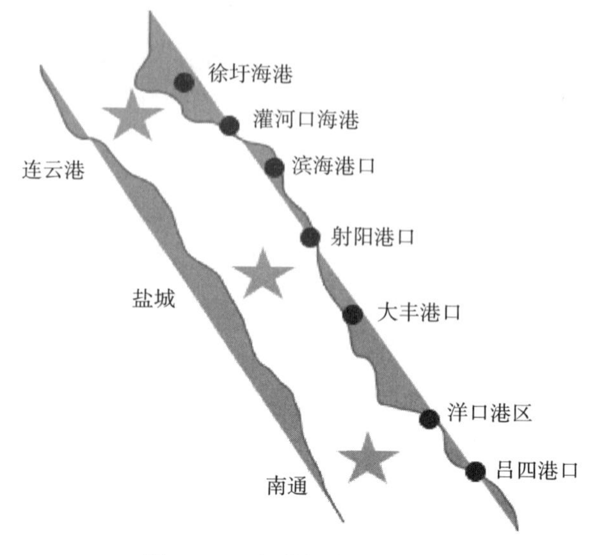


图 14-2　江苏沿海港口分布

## 二、盐城交通运输综合体系在融入长三角城市群路径上存在的不足

**1. 交通网络布局不完善，综合运输结构不合理。**通过对既有线路的分析，现阶段盐城市交通网络仍面临的主要问题是交通运输综合体系与上海对接不完善。盐城对外通道高速铁路网覆盖面小、密度稀，由于现阶段铁路路网不完善，造成货物运输过分依赖公路，导致社会运输成本提高，公路运输压力过重，尤其是在沿海经济大推进、大发展时期，这种结构性矛盾将更加突出。沿海地区将成为长三角未来转型发展的重要空间，盐城作为沿海地区重要的中心城市，交通运输综合体系与新形势下的经济发展不适应，与上海接轨的交通路线不完善，因此构建铁路、高速公路、航空、港口四位一体的综合交通体系显得至关重要。

**2. 交通基础设施规模小，信息化水平不高。**盐城市公路网规模依然偏小，临海地区道路密度偏低，通达深度不够，特别是直达服务，盐城到上海高速公路依次要经过沈海高速、沪嘉高速、盐靖高速、京沪高速，盐城市沿海港口直通上海线有待建设。铁路对外通道能力不足，在已经迈入高速铁路时代的今天，盐城与周边主要城市尚没有城际铁路连接，同时沿海港口也缺乏铁路集疏运专用线。盐城提供交通信息服务的机构和部门相互重叠和交叉，所提供的信息既存在交叉又不完全覆盖，不仅导致了大量资源信息的浪费，同时也降低了交通信息服务提供的综合效率。

**3. 跨区域交通基础设施规划、建设、运营的协调机制有待形成。**受行政体制制约等方面因素的影响，盐城市公路、铁路、水路、空路不同方式交通设施缺乏综合规划，交通运输综合网络的规划布局缺乏统筹协调，既影响区域交通体系一体化的形成，也极大地影响了区域交通系统运行的效率，缺少融入长三角城市群的规划。如盐城市海港、江河及公路资源丰富，但缺乏功能统筹与协同发展，各港口、公路间同质化竞争较多，分工协作、功能互补相对较少，既浪费了宝贵的资源，也影响了整体效率，从而一定程度上限制了对长三角城市群的融入度。总体来说，盐城市交通运输综合体系对其空间格局演变、区域经济一体化融合发展以及城际经济要素的流动起到的支撑和促进作用还有待加强。

## 第二节　交通运输综合体系建设对盐城融入长三角一体化的影响分析

### 一、交通运输综合体系建设对区域经济发展的机理分析

#### （一）交通建设具有从属功能与引导功能

任何区域的交通运输体系发展的程度，都是相应政治、经济、社会进步的一个体现。对于交通与经济发展的关系，经济学家和地理学家及运输经济学家多倾向于认为交通发展与经济增长是相伴而生的，是伴随关系，交通既是区域发展的条件，也是区域发展的结果。从功能与作用方面看，交通建设在区域经济发展过程中具有双重功能，即从属功能与引导功能。从属功能表现为区域交通体系为地区社会经济发展服务，区域社会经济增长是区域交通事业建设的依据，并为其提供资金保障。引导功能是指区域交通体系摆脱传统单一的交通运输方式，采用铁路、公路、海运、空运立体化的交通运输综合体系，通过市场竞争和产业关联的作用，加强城市之间的合作与联系，融入发达城市带，对地区社会经济结构、规模和空间布局的引导与反馈作用。

### （二）交通建设提高生产率和促进生产要素流通

某一地区交通条件的便利能对区位的可达性起到促进作用，会促进资源的流入，这将会减少地区生产要素的投入成本和交易成本，使生产环境变得相对优越，生产效率得到提高，生产的经济效益明显得到改善。交通运输综合体系的建设，为生产要素在地区间的流动提供了新的方式，使资金、信息以及高素质人才等生产要素在更大范围内流动，实现区域内部的优势互补，有利于缩小地区之间的贫富差距，促进区域内部经济的综合发展，进一步促进城市化的进程，推动产业结构的调整，从而进一步降低生产要素的流动成本，并且增强对区域经济的辐射力，实现经济结构以及资源配置的优化，促进社会经济的健康发展。国家或地区对交通建设的投资在很大程度上能够引起投资乘数效应，从而进一步促进生产要素在高铁沿线各地区之间流通，促进交通沿线地区经济的发展。

## 二、交通运输综合体系建设对盐城市融入长三角城市群的影响分析

目前，盐城已经基本形成了集公路、铁路、航空和水运为一体的立体化交通运输综合网络。这将大大缩短盐城到上海的时间，使盐城加入 1 小时上海经济圈，加强了盐城与长江三角洲的联系，为盐城深度融入长三角城市群一体化发展奠定了基础。交通运输综合体系的建设运行将会给盐城经济带来巨大的影响。

### （一）带动盐城市经济的增长

交通建设活动过程本身会产生工资、利润、折旧和税金等增加值，因此交通建设投资活动本身便会增加盐城地区生产总值，拉动经济增长。在交通设施投入使用后，盐城因运输条件的改善而产生直接经济效益和间接经济效益。直接经济效益表现为运输成本降低产生的节约效益，行驶里程缩短产生的运输效益，拥挤状况缓解、车流增多产生的增流效益，运行速度提高、时间减少产生的时间效益，交通事故减少及货损率下降产生的减损效益。在直接经济效益的影响下派生出的间接效益表现为扩大了市场边界，增强了区域经济的影响力和辐射力，加快了市场流通与交换的步伐，促进了市场竞争和选择淘汰过程，加快了交通运输、房地产开发、商贸流通、旅游等新兴产业的发展，促进了地区产业结构的调整，改变了区域投

资环境、调整了生产力布局，提高了区域范围内的聚集经济效应。直接经济效益是建立在微观经济活动基础之上的，而间接经济效益则是隐含在宏观经济运行之中的。交通建设所产生的间接效益，对经济发展的促进作用大，持续时间也更长，2014—2018 年盐城市综合交通体系运输情况与盐城市生产总值的对比见表 14－3。

**表 14－3　2014—2018 年盐城市综合交通体系运输情况与盐城市生产总值的对比**

| 年份 | 生产总值（亿元） | 铁路 | | 公路 | | 港口 | | 机场 | |
|---|---|---|---|---|---|---|---|---|---|
| | | 客运量（万人） | 货运量（万吨） | 客运量（万人） | 货运量（万吨） | 客运量（万人） | 货运量（万吨） | 客运量（万人） | 货运量（万吨） |
| 2014 | 3 835.62 | 456 | 224 | 7 294 | 4 728 | 0 | 8 826 | 52.38 | 0.29 |
| 2015 | 4 212.50 | 496 | 268 | 7 534 | 4 920 | 0 | 9 761 | 62.82 | 0.30 |
| 2016 | 4 576.08 | 568 | 319 | 7 831 | 5 076 | 0 | 10 860 | 85.73 | 0.51 |
| 2017 | 5 050.16 | 642 | 368 | 8 264 | 5 515 | 0 | 11 009 | 121.03 | 0.55 |
| 2018 | 5 210.46 | 798 | 449 | 8 398 | 5 594 | 0 | 11 770 | 130.28 | 0.56 |

资料来源：中国统计年鉴，http：//www. stats. gov. cn/tjsj/ndsj/。

### （二）优化盐城市资源配置，增强同城化效应

同城化是指一个城市与另一个或者几个相邻的城市，在经济、社会以及资源环境等方面能够充分地交流与融合，彼此相互促进，共同发展；能够优势互补，相互依托，促进经济发展，提高人民生活水平。盐城市交通运输综合体系的建设极大地改善了地区之间的交通环境，增强了沿线城市的联系，促进了沿线地区土地资源及农、林、牧、副、渔资源等的合理利用，使城市人口、资金等要素能够在更广范围内流动，进一步优化生产要素的配置，使沿线城市形成共同发展、资源互补的发展经济体，城市之间的交通越便利，那么城市之间的合作将大大增加，从而形成具有强烈竞争优势的城市群。盐城市交通运输综合体系的建设运行增加了同城化效应，还在很大程度上改善了城市的空间结构，极大地缩短了盐城到南京、苏州、无锡、徐州等地的来回时间，更融入了 1 小时上海经济圈，能更好地享受经济较发达城市的资源。

### （三）促进城市建设，加快城市化进程

城镇是社会劳动力分工与商品经济发展的产物，城镇首先是物资及人

员的集散地，便利的交通运输条件是其基础。区域经济的集聚源于交通网络，主要通过在交通干线沿线地区形成新的交通枢纽，开发当地资源，促进商贸，进而发展成为重要的区域中心。研究数据表明，一个城市的城镇化率超过30%后，这个城市将进入高速发展时期①。2015年盐城市的城镇化率就已达到了42.4%，而2019年更是达到了64.9%，说明2015—2019年盐城市城镇化发展进入上升期，盐城市交通运输综合体系的建设运行为加快其城市化进程注入了新的动力。交通运输综合体系的建设提高了整个城市的道路质量，压缩了沿线城市间的时间距离，提升了城市的景观风貌。盐城交通的建设运行使盐城市的地位和地区影响力大幅提升，公共设施更加完善，从而大大加快了城市化进程和盐城市沿线地区的发展速度②。

### （四）改善就业结构，增加就业

各种交通运输方式在初期建设和后期运行中都属于资金密集型和技术密集型产业，将改变交通沿线地区的现有就业结构，并对就业产生巨大的拉动作用。首先，在地区开始建设铁路、公路等时，需要大量的人力、物力投入，从设计到施工，每一个环节都创造出众多的就业机会。然后，交通工具的运行和维护本身也需要大量的劳动力，而且在综合交通运输枢纽附近很容易形成新的城市经济增长点，聚集众多的商铺，形成新的商业中心，盐城市交通运输综合体系的建设改善了地区的交通环境，增强了地区的投资吸引力，投资增加，也能大大增加就业机会。最后，盐城市交通运输综合体系的建设缩短了地区之间的时间距离③，改善旅行条件，能够有效地促进地区旅游业的发展，从而带动地区第三产业的发展，亦能够有效地改善地区就业结构，增加就业机会，从而增加居民收入，居民收入的增加又会刺激消费，消费的增加又带动生产，促进就业④。

---

① 樊杰，刘毅，陈田．优化我国城镇化空间布局的战略重点与创新思路［J］．中国科学院院刊，2013，28（1）：20-27.

② 沈玉芳，刘曙华，张婧．长三角地区产业群、城市群和港口群协同发展研究［J］．经济，2010，30（5）：778-783.

③ 赵渺希，钟烨，徐高峰．中国三大城市群多中心网络的时空演变［J］．经济地理，2015，35（3）：52-59.

④ 陈艳．湖南综合交通运输体系的经济研究［J］．长沙理工大学，2013，28（5）：41-43.

## 三、盐城交通运输综合体系建设对其融入长三角的影响指标体系构建

### （一）盐城交通运输综合体系建设对其融入长三角的影响指标体系构建原则

在指标体系构建过程中应充分遵循科学性、全面性、层次性、可行性和指导性的原则。

**1. 科学性原则。**主要体现在理论与实践相结合以及所采用的科学方法等方面。每项指标概念科学明确，指标建立有完善的理论依据，同时又能反映评价对象的客观情况。

**2. 全面性原则。**指标在选取过程中要兼顾各方，力求对制造业做出全面、深入的评价分析。

**3. 层次性原则。**评价体系内的指标之间应相互独立，在具体指标的基础上，构建多层体系，通过对多层指标体系的概括和综合体现，全面构建评价指标体系。

**4. 可行性原则。**指标选取要根据实际情况，具有现实可行性，要充分考虑指标测量和数据收集的可行性。

**5. 指导性原则。**评价指标在选取过程中要简洁、明了，建立指标体系时，要考虑指标与实际的联系，以提出盐城交通运输综合体系促进其融入长三角一体化发展的建议。

根据国家“十三五”规划及盐城综合运输发展规划的目标，在选取指标时根据以上原则，同时根据交通运输综合体系分类，坚持客观公正、精确高效的评价准则，构建评价指标体系。

### （二）盐城交通运输综合体系建设对其融入长三角的影响指标体系的构建

衡量盐城交通运输综合体系建设对其融入长三角的影响的指标体系既要全面反映盐城交通运输综合体系对接上海的建设进展，又要挖掘在交通运输综合体系建设背景下，盐城融入长三角的指数。根据国家“十三五”规划、盐城综合运输发展规划以及盐城接轨上海融入长三角规划中对于盐城交通运输综合体系建设促进盐城融入长三角城市群提出的一系列发展要求，得出以下盐城融入长三角指标体系，见表 14－4。

表 14－4　盐城融入长三角交通指标体系

| 总指数 | 一级指标 | 二级指标 | 指标指向 |
|---|---|---|---|
| 盐城融入长三角指数 | 铁路建设 | 盐城到上海铁路开通率 | 正向指标 |
| | | 盐城到上海铁路客运量 | 正向指标 |
| | | 盐城到上海铁路货运量 | 正向指标 |
| | 公路建设 | 盐城到上海公路里程 | 正向指标 |
| | | 盐城到上海公路网密度 | 反向指标 |
| | | 盐城到上海公路客运量 | 正向指标 |
| | | 盐城到上海公路货运量 | 正向指标 |
| | 港口建设 | 盐城到上海航道里程 | 正向指标 |
| | | 盐城到上海港口开通率 | 正向指标 |
| | | 盐城到上海港口货运量 | 正向指标 |
| | | 盐城到上海港口吞吐量 | 正向指标 |
| | 航空发展 | 盐城到上海开通航班数 | 正向指标 |
| | | 盐城到上海航班间隔时间 | 反向指标 |
| | | 盐城到上海航运客运量 | 正向指标 |
| | | 盐城到上海航运货运量 | 正向指标 |
| | 物流发展 | 盐城到上海物流运输量 | 正向指标 |
| | | 盐城到上海物流业务收入 | 正向指标 |
| | | 盐城到上海运输时间 | 反向指标 |

二级指标测度说明：

（1）盐城到上海铁路、港口的开通率：盐城到上海铁路、港口开通线路的数量占总线路数之比；

（2）盐城到上海铁路、公路、航空的客运量：盐城到上海铁路、公路、航空全年来回的实际运载人数；

（3）盐城到上海铁路、公路、港口、航空的货运量：盐城到上海铁路、公路、港口、航空全年流通的实际运输货物量；

（4）盐城到上海公路里程：盐城到上海的公路线长度；

（5）盐城到上海公路网密度：盐城到上海各个公路线的密集程度，即每 100 平方公里所拥有的公路总里程数；

（6）盐城到上海航道里程：盐城到上海的航线长度；

（7）盐城到上海港口吞吐量：经水运输出、输入港区并经过装卸的货物总量；

（8）盐城到上海开通航班数：盐城到上海的飞机航班班次数；

（9）盐城到上海航班间隔时间：盐城到上海各班次间隔时间；

（10）盐城到上海物流运输量：盐城到上海所有运输方式总计运输包裹数；

（11）盐城到上海物流业务收入：盐城到上海物流业务往来所产生的资本收入；

（12）盐城到上海运输时间：盐城到上海所有运输方式总计的时间距离。

## 四、盐城交通运输综合体系建设对其融入长三角的影响预测评价分析

**1. 铁路建设。**盐城到上海铁路运输的开通率、客运量、货运量都为正向指标，即线路开通率、客运量、货运量越大，盐城融入长三角城市群指数越高。铁路作为新时代交通运输综合体系建设的关键，铁路线路的开通会完善盐城路网体系。交通用时的缩短会极大地降低人们对于盐城与上海之间的感知距离，这将吸引很多长三角城市的游客来盐城旅游，提高盐城旅游业收入水平，从而促进盐城旅游业的发展，2019 年，盐城全市接待海内外游客 2 933.29 万人次，同比增长 13.73%，实现旅游收入 320.07 亿元，同比增长 17.9%。盐城在铁路建设上与上海的衔接，强化了上海区域对于盐城的辐射效应，对于盐城的旅游经济影响极大，促进了盐城融入长三角城市群一体化发展。

**2. 公路建设。**盐城到上海公路的总里程、客运量、货运量为正向指标，公路路网密度为反向指标，即随着公路里程、客运量、货运量的增加，盐城融入长三角城市群指数提高，公路路网密度越小，代表盐城到上海公路线路越密集，盐城融入长三角城市群指数越高。2020 年，盐城到上海共 2 条公路，分别是沈海高速和盐靖高速，总里程 634 公里。公路运输作为盐城与上海衔接的主要交通方式，一级公路在 2020 年已经建成 1 808 公里，货车运输速度加快，提升了物流效率，降低了货运成本，使得盐城承接上海产业方面的能力逐渐增强，在交通运输综合体系的建设方

面盐城融入长三角城市群起主要促进作用。

**3. 港口建设。**盐城到上海航道里程及港口货运量、吞吐量、开通率为正向指标，即随着航道里程和港口货运量、吞吐量、开通率的增加，盐城融入长三角城市群指数也将随之增大。港口运输是联系内陆腹地和海洋运输的一个天然渠道，是水陆交通的集结点和枢纽，盐城港是工农业产品和外贸进出口物资的集散地，未来盐城港与上海港口线路的开通，能够提高盐城的进出口贸易量，扩大盐城工农业产品和货物的供给量，盐沪航线的开通会弥补盐城与长三角城市群在对接上存在的不足，从而加深盐城融入长三角城市群的程度。

**4. 航空发展。**盐城到上海开通航班数、货运量、客运量为正向指标，航班间隔时间为反向指标，即随着开通航班数、货运量、客运量的增加，盐城融入长三角城市群指数提高，航班间隔时间越短，代表盐城到上海空运线路越密集，盐城融入长三角指数越高。2020 年，盐城到上海航班开通一班次，运输时间约为 50 分钟。2019 全年盐城到上海空运客运量为 56 万人次，实现了新一轮的突破，盐城航空运输主要倾向于载客，在货物运输方面呈现出逐年递减的趋势，未来盐城到上海航班班次的增多，将会给旅客交通出行提供多样性的选择，舒缓铁路运输的客运压力，促进盐城旅游业的发展，航空运输业的不断完善使得盐城正逐步融入长三角城市群。

**5. 物流发展。**盐城到上海物流运输量、业务收入为正向指标，运输时间为反向指标，即盐城到上海物流运输量、业务收入越高，盐城融入长三角指数越大，物流运输时间越短，指数越大。据统计，2019 年，盐城到上海物流运输量达 6 372 万件，业务收入达 26 亿元，运输时间约为 1～2 天。由于交通运输综合体系的不断完善，盐城与上海的物流发展迅速，对盐城融入长三角城市群有较大的促进作用。

**6. 农业接轨。**盐城到上海交通运输综合体系建设的不断完善在农业方面促进盐城接轨上海，融入长三角城市群一体化发展。农业是盐沪合作历史最久、范围最广、关系最密切的产业。盐城计划建设优质稻米、绿色果蔬、生态水产、特色花卉等生产供应基地，到 2020 年底，建成上海市外蔬菜主供应基地 5 个以上，在上海新开设盐都特色农产品专营门店 5 个以上，实现农副产品在上海销售额突破 40 亿元。盐城围绕打造长三角优质农产品供应基地目标，通过交通运输加大与上海的对接力度，实现农业增效、农民增收的高质量发展。

## 第三节　以交通运输体系建设为引领　加快盐城融入上海一小时都市圈的对策建议

第一，加快规划对接，提升城市战略定位。城市群地区是当今经济发展格局中最具活力和潜力的核心地区，是生产力布局的增长极点和核心支点。长三角城市群是我国第一大城市群，空间结构比较合理，经济规模和人口规模全国最大，城市之间联系比较紧密，并有比较明确的分工，区域经济比较发达，已具备跻身世界级城市群的条件。盐城要加快编制全面融入长三角城市群规划，放大战略叠加优势。一是要加快城市定位和职能的升级，由过去的江苏沿海工商城市、江苏沿海中心城市提升至全国及世界维度。二是进一步扩大城市规模，盐城作为长三角城市群大城市（Ⅱ型），城区常住人口规划规模 100 万～300 万，要加快城镇化进程，加快主城区与大丰区融合，促进城市人口集聚，吸引更多的外来人口，增强城市的综合实力。三是拓展城市空间发展轴向，构建以沿海城市发展轴为主轴（南北向），以淮河流域城市带为拓展（东西向）的 T 形空间格局，南下接轨上海，北上对接京津冀，西向辐射淮河流域，东向面向东北亚，进一步扩大对内对外开放。四是通过申请承办“长江三角洲城市群发展论坛”等扩大影响，力争将其办成类似博鳌论坛形式的盐城论坛，加强宣传和推介。

第二，推进产业对接，增强经济发展联动性。推进产业转型升级是国家赋予长三角城市群发展的战略目标。盐城目前已处于工业化加速发展期，可通过加入长三角城市群，优化产业结构与体系，增加其在长三角地区中的经济贡献度。一是要推进创新链、产业链深度融合，培育新产业、新业态，大力发展节能环保、大数据、新能源汽车、海洋经济等战略性新兴产业，加强与上海张江高新区、南京江北新区、苏南现代化示范区等的合作，在“互联网＋”“工业 4.0”中优先实现突破，争取弯道超车。二是要提升传统产业和优势产业，重点打造汽车全产业链，加快实现汽车整车、零部件及服务业“三个千亿”目标，强化主导产业链关键领域创新，加快推进机械、纺织、化工等产业转型升级，利用盐城空间大、环境容量大的优势，积极吸引上海及苏南中高端产能转移，加快制造业向中高端迈进，推进上海“飞地经济”向总部经济升级。三是要大力发展现代服务业，依托两个“一类口岸”加快建成长三角区域性物流中心；加快发展盐城湿地旅游，重点打造长三角“后花园”和国际知名的生态休闲旅游目的地。四是要加快发展现代农业，巩固盐城在长三角城市群中农业大市和强市的优势，大力发展安全、高效、生态农产品，加快农业商品性基地建设，培植壮大农产品加工业，积极发展出口农业和休闲观光农业，更好地辐射长三角和全国。

第三，加速交通基础设施对接，推进同城化水平。盐城要迅速融入长三角城市群交通信息网络。一是要加快构建由高铁、高速、空港等构成的区域对外大通道，完善城际综合交通网络，提升综合交通枢纽辐射能力。盐城是江苏沿海城市中最大的城市，也是长三角城市群中五大运输方式最齐全的城市之一，加快通往上海方向的盐通沪、通往南京方向的盐宁、通往杭州方向的盐泰锡常宜等高速铁路建设，打造融入上海及苏南的一小时经济圈。二是要依托盐城作为江苏沿海首家千兆光网城市、直连上海网络通道出口优势，打造高速、稳定、便捷、覆盖城乡的新一代信息基础设施，加快实现与上海及苏南城市的交通信息和社会服务“一卡通”[①]。三是要发挥盐城港作为长三角港口群重要节点作用，加强与上海港协同合作，重点加大大丰港、滨海港建设力度，打通淮河流域出海门户，提升港口运输能力，把盐城港打造成上海港的喂给港和分流港。四是要推进要素市场一体化和公共服务合作，加强生态环境公治、公管，通过流域合作、海域合作，建立地区间统一的横向生态补偿机制。

## 第四节　小　　结

改革开放以来，随着区域经济一体化格局的逐步形成，不同区域之间的联系日趋紧密，由水路、铁路、公路、管道、航空构成的交通运输综合体系“东联西接”“南通北达”的作用越来越突出，交通运输综合体系的

① 赵慧娟，雷仲敏，康俊杰．区域综合交通运输体系发展评价研究［J］．工业技术经济，2011，31（9）：71-76.

构建与地区经济发展有着密切的联系。江苏沿海地区是在长江三角洲城市群一体化发展中的重要区域，为了加速沿海地区落实国家战略，深度融入长三角城市群发展，实现“十三五”时期经济的有效增长，本章通过阐述盐城交通运输综合体系建设现状，分析盐城交通运输综合体系在融入长三角城市群路径上存在的不足，研究了交通运输综合体系建设对盐城市融入长三角一体化的影响。基于综合立体式交通运输体系建设构建了盐城融入长三角的影响的评价指标体系，从铁路、公路、港口和飞行航线等诸多方面测量了盐城融入上海一小时都市圈的差距。研究发现，交通运输综合体系的建设对于江苏沿海地区融入长三角城市群一体化发展有着较大的促进作用。

早在 18 世纪，古典经济学家对交通运输与经济发展就有了较多关注。Friedrich Lister① 把交通运输网络比作是生产力的丰富源泉，提出交通运输是提高国民生产力的重要因素，认为通过发展交通运输能够带动经济发展和增长。William Roscher② 在《历史方法的国民经济学讲义大纲》中详细探讨了交通运输在促进社会分工、生产要素流动等方面发挥的积极作用，认为交通运输网络体系的建设和完善，能够使得区域间的劳动分工更加便利，商品价格更为低廉，交通运输扩大了商品流通市场，增加了地域之间的联系，有利于使地区之间的生产资料和商品的供需平衡得到调整。20 世纪 50 年代，部分西方学者提出了综合交通运输的理念。他们认为综合交通运输，相对于单一运输方式而言，是整合各种运输方式，结合技术经济特点促进其分工协作、有机结合的交通运输体系。20 世纪 60 年代后，西方国家的官方文件和学术资料中越来越多地使用“一体化运输”（Integrated Transport）或“综合交通运输”（Comprehensive Transport）的概念，综合运输由此开始逐步发展、完善③。

Hoyle（1973）④ 在《运输与发展》一书中提出了交通运输与经济发

① Friedrich Lister. The Natural System of Political Economy［M］. Beijing：Commercial Press，1997.

② William Roscher. Outline of Lectures on National Economics of Historical Methods［R］. 1843.

③ 孙启鹏 . 综合运输理论与方法［M］. 北京：经济科学出版社，2010.

④ Hoyle. Transportation and Development［M］. Macmillan Publishing Company，1973.

展之间双向的促进关系。他明确指出，交通运输与经济发展的关系是一种双向作用的过程，互相作用的成果与程度取决于经济发展的类型和水平。近些年来，随着国外综合运输路网的完善和发展，对城市空间及区域空间格局演化的影响逐渐明显，引起了许多学者的关注。May D.（1991）[①] 指出欧洲共同体的交通运输发展与区域一体化的发展基本一致，能够为工农商业提供有效的服务，具有促进经济增长和国家繁荣发展的正向作用。总体来看，国外学者相关研究重点主要集中在对交通运输与区域经济、工农业方位布局的关联关系方面，从分析交通建设对经济发展的作用逐步深入到交通建设对区域经济一体化发展的作用。

长三角及其周边城市接轨上海、融入长三角是近年来的研究热点。王庆云（2006）[②] 认为，交通运输综合体系是市场经济发展到特定阶段后，以科技创新和制度创新为基础而形成的现代交通运输新型组织形式，是为了满足国民经济和社会发展的需要和市场主体的现实需求，将铁路、公路、港口、航空、管道等多种运输方式进行整体性规划，形成的一种具有综合性的系统能力的交通运输网络体系，联合促进社会发展。王维（2006）[③] 阐述了交通基础设施对长江三角洲经济发展及区域一体化的重要意义，分析了长三角交通一体化发展的现状及存在的问题，最后从政府推动、交通网络布局、交通信息化及共享机制建设、企业培养等多个方面提出了相应的优化策略。厉以宁（2012）[④] 分析了交通运输体系建设对区域内不同群体和次区域缩小贫富差距的影响，认为通过建设交通运输线路，可以促进相对富裕地区经济、产业和资源向相对贫困地区的辐射，进而形成一种中心—辐射结构，实现区域内不同层次的发展次区域的梯度发展，最终相对较好地解决区域之间经济发展不平衡的问题。李善同（2017）[⑤] 认为交通运输基础设施建设的不均衡，是导致我国地区间经济发展水平差异的重要因素。因而基于交通运输基础设施建设不平衡的逆向

---

① May D. Integrated Transport Strategies: A New Approach to Urban Transport Policy Formulation in the UK [J]. Transport Review, 1991, 2 (3): 15-28.

② 王庆云．交通运输发展理论与实践［M］．北京：中国科学技术出版社，2006：163.

③ 王维．长三角交通基础设施一体化研究［J］．学海，2006（6）：159-163.

④ 厉以宁．如何缩小城乡制度差距［J］．当代财经，2012（2）：45-47.

⑤ 李善同．影响城市化发展的主要因素分析及其启示［J］．重庆理工大学学报，2017，13（9）：12-13.

发展，对于优化、重构未来区域经济空间框架具有重要意义。覃成林等（2014）[①] 对交通运输和区域经济结构形成的关系进行了研究，认为要素资源的快速流动对区域经济空间优化至关重要，而要素资源快速流动的实现又取决于区域之间的可通达性，其背后的支持力量是交通运输的质量和完善程度。陈洪全（2016）[②] 通过分析盐城在长三角地区的区位优势，从文化融合、城市建设、产业对接、交通基础设施升级等方面提出对策建议，以使盐城全面对接上海、深度融入长三角城市群。

综上所述，国外学者侧重于区域经济空间扩展中对交通需求、交通效率等方面的预测与评价，主要通过理论应用、实证分析对交通运输综合体系与区域经济格局发展进行了深入研究，阐述了交通运输综合体系建设对于区域经济效益的辐射效应，对两者间互动发展作用机制做了深入研究。国内学者近年来对于长三角城市群发展的相关研究逐渐增多，对于地区融入长三角城市群提出了许多建设性的建议。以上国内外学者对于交通建设与区域经济发展的相关研究，为本研究奠定了坚实基础，本章通过借鉴前人的研究资料，从交通方面探讨盐城与上海的对接，提出盐城接轨上海、融入长三角的相关建议。对盐城市统筹推进铁路、公路、航空、水运多种运输方式建设现状进行综合评价，深入分析交通运输综合体系的建设对于盐城融入长三角地区发展的影响，提出补交通短板、助力盐城真正成为长三角中心城市的对策建议。

① 覃成林，程琳．铁路交通发展与沿线城市工业间格局变化［J］．科技管理研究，2014，23（17）：151．

② 陈洪全．盐城深度融入长三角城市群对策思路研究［J］．盐城师范学院学报，2016，21（11）：6．

# 附录 1　交通强国建设纲要

建设交通强国是以习近平同志为核心的党中央立足国情、着眼全局、面向未来作出的重大战略决策，是建设现代化经济体系的先行领域，是全面建成社会主义现代化强国的重要支撑，是新时代做好交通工作的总抓手。为统筹推进交通强国建设，制定本纲要。

## 一、总体要求

**（一）指导思想。**以习近平新时代中国特色社会主义思想为指导，深入贯彻党的十九大精神，紧紧围绕统筹推进"五位一体"总体布局和协调推进"四个全面"战略布局，坚持稳中求进工作总基调，坚持新发展理念，坚持推动高质量发展，坚持以供给侧结构性改革为主线，坚持以人民为中心的发展思想，牢牢把握交通"先行官"定位，适度超前，进一步解放思想、开拓进取，推动交通发展由追求速度规模向更加注重质量效益转变，由各种交通方式相对独立发展向更加注重一体化融合发展转变，由依靠传统要素驱动向更加注重创新驱动转变，构建安全、便捷、高效、绿色、经济的现代化综合交通体系，打造一流设施、一流技术、一流管理、一流服务，建成人民满意、保障有力、世界前列的交通强国，为全面建成社会主义现代化强国、实现中华民族伟大复兴中国梦提供坚强支撑。

**（二）发展目标。**到 2020 年，完成决胜全面建成小康社会交通建设任务和"十三五"现代综合交通运输体系发展规划各项任务，为交通强国建设奠定坚实基础。

从 2021 年到本世纪中叶，分两个阶段推进交通强国建设。

到 2035 年，基本建成交通强国。现代化综合交通体系基本形成，人民满意度明显提高，支撑国家现代化建设能力显著增强；拥有发达的快速网、完善的干线网、广泛的基础网，城乡区域交通协调发展达到新高度；基本形成"全国 123 出行交通圈"（都市区 1 小时通勤、城市群 2 小时通达、全国主要城市 3 小时覆盖）和“全球 123 快货物流圈”（国内 1 天送达、周边国家 2 天送达、全球主要城市 3 天送达），旅客联程运输便捷顺畅，货物多式联运高效经济；智能、平安、绿色、共享交通发展水平明显提高，城市交通拥堵基本缓解，无障碍出行服务体系基本完善；交通科技创新体系基本建成，交通关键装备先进安全，人才队伍精良，市场环境优良；基本实现交通治理体系和治理能力现代化；交通国际竞争力和影响力显著提升。

到本世纪中叶，全面建成人民满意、保障有力、世界前列的交通强国。基础设施规模质量、技术装备、科技创新能力、智能化与绿色化水平位居世界前列，交通安全水平、治理能力、文明程度、国际竞争力及影响力达到国际先进水平，全面服务和保障社会主义现代化强国建设，人民享有美好交通服务。

## 二、基础设施布局完善、立体互联

**（一）建设现代化高质量综合立体交通网络。**以国家发展规划为依据，发挥国土空间规划的指导和约束作用，统筹铁路、公路、水运、民航、管道、邮政等基础设施规划建设，以多中心、网络化为主形态，完善多层次网络布局，优化存量资源配置，扩大优质增量供给，实现立体互联，增强系统弹性。强化西部地区补短板，推进东北地区提质改造，推动中部地区大通道大枢纽建设，加速东部地区优化升级，形成区域交通协调发展新格局。

**（二）构建便捷顺畅的城市（群）交通网。**建设城市群一体化交通网，推进干线铁路、城际铁路、市域（郊）铁路、城市轨道交通融合发展，完善城市群快速公路网络，加强公路与城市道路衔接。尊重城市发展规律，立足促进城市的整体性、系统性、生长性，统筹安排城市功能和用地布局，科学制定和实施城市综合交通体系规划。推进城市公共交通设施建设，强化城市轨道交通与其他交通方式衔接，完善快速路、主次干路、支路级配和结构合理的城市道路网，打通道路微循环，提高道路通达性，完善城市步行和非机动车交通系统，提升步行、自行车等出行品质，完善无障碍设施。科学规划建设城市停车设施，加强充电、加氢、加气和公交站点等设施建设。全面提升城市交通基础设施智能化水平。

**（三）形成广覆盖的农村交通基础设施网。**全面推进“四好农村路”建设，加快实施通村组硬化路建设，建立规范化可持续管护机制。促进交通建设与农村地区资源开发、产业发展有机融合，加强特色农产品优势区与旅游资源富集区交通建设。大力推进革命老区、民族地区、边疆地区、贫困地区、垦区林区交通发展，实现以交通便利带动脱贫减贫，深度贫困地区交通建设项目尽量向进村入户倾斜。推动资源丰富和人口相对密集贫困地区开发性铁路建设，在有条件的地区推进具备旅游、农业作业、应急救援等功能的通用机场建设，加强农村邮政等基础设施建设。

**（四）构筑多层级、一体化的综合交通枢纽体系。**依托京津冀、长三角、粤港澳大湾区等世界级城市群，打造具有全球竞争力的国际海港枢纽、航空枢纽和邮政快递核心枢纽，建设一批全国性、区域性交通枢纽，推进综合交通枢纽一体化规划建设，提高换乘换装水平，完善集疏运体系。大力发展枢纽经济。

## 三、交通装备先进适用、完备可控

**（一）加强新型载运工具研发。**实现 3 万吨级重载列车、时速 250 公里级高速轮轨货运列车等方面的重大突破。加强智能网联汽车（智能汽车、自动驾驶、车路协同）研发，形成自主可控完整的产业链。强化大中型邮轮、大型液化天然气船、极地航行船舶、智能船舶、新能源船舶等自主设计建造能力。完善民用飞机产品谱系，在大型民用飞机、重型直升机、通用航空器等方面取得显著进展。

**（二）加强特种装备研发。**推进隧道工程、整跨吊运安装设备等工程机械装备研发。研发水下机器人、深潜水装备、大型溢油回收船、大型深远海多功能救助船等新型装备。

**（三）推进装备技术升级。**推广新能源、清洁能源、智能化、数字化、轻量化、环保型交通装备及成套技术装备。广泛应用智能高铁、智能道路、智能航运、自动化码头、数字管网、智能仓储和分拣系统等新型装备设施，开发新一代智能交通管理系统。提升国产飞机和发动机技术水平，加强民用航空器、发动机研发制造和适航审定体系建设。推广应用交通装备的智能检测监测和运维技术。加速淘汰落后技术和高耗低效交通装备。

## 四、运输服务便捷舒适、经济高效

**（一）推进出行服务快速化、便捷化。**构筑以高铁、航空为主体的大容量、高效率区际快速客运服务，提升主要通道旅客运输能力。完善航空服务网络，逐步加密机场网建设，大力发展支线航空，推进干支有效衔接，提高航空服务能力和品质。提高城市群内轨道交通通勤化水平，推广城际道路客运公交化运行模式，打造旅客联程运输系统。加强城市交通拥堵综合治理，优先发展城市公共交通，鼓励引导绿色公交出行，合理引导个体机动化出行。推进城乡客运服务一体化，提升公共服务均等化水平，保障城乡居民行有所乘。

**（二）打造绿色高效的现代物流系统。**优化运输结构，加快推进港口集疏运铁路、物流园区及大型工矿企业铁路专用线等“公转铁”重点项目建设，推进大宗货物及中长距离货物运输向铁路和水运有序转移。推动铁水、公铁、公水、空陆等联运发展，推广跨方式快速换装转运标准化设施设备，形成统一的多式联运标准和规则。发挥公路货运“门到门”优势。完善航空物流网络，提升航空货运效率。推进电商物流、冷链物流、大件运输、危险品物流等专业化物流发展，促进城际干线运输和城市末端配送有机衔接，鼓励发展集约化配送模式。综合利用多种资源，完善农村配送网络，促进城乡双向流通。落实减税降费政策，优化物流组织模式，提高物流效率，降低物流成本。

**（三）加速新业态新模式发展。**深化交通运输与旅游融合发展，推动旅游专列、旅游风景道、旅游航道、自驾车房车营地、游艇旅游、低空飞行旅游等发展，完善客运枢纽、高速公路服务区等交通设施旅游服务功能。大力发展共享交通，打造基于移动智能终端技术的服务系统，实现出行即服务。发展“互联网＋”高效物流，创新智慧物流营运模式。培育充满活力的通用航空及市域（郊）铁路市场，完善政府购买服务政策，稳步扩大短途运输、公益服务、航空消费等市场规模。建立通达全球的寄递服务体系，推动邮政普遍服务升级换代。加快快递扩容增效和数字化转型，壮大供应链服务、冷链快递、即时直递等新业态新模式，推进智能收投终端和末端公共服务平台建设。积极发展无人机（车）物流递送、城市地下物流配送等。

## 五、科技创新富有活力、智慧引领

**（一）强化前沿关键科技研发。**瞄准新一代信息技术、人工智能、智能制造、新材料、新能源等世界科技前沿，加强对可能引发交通产业变革的前瞻性、颠覆性技术研究。强化汽车、民用飞行器、船舶等装备动力传动系统研发，突破高效率、大推力/大功率发动机装备设备关键技术。加强区域综合交通网络协调运营与服务技术、城市综合交通协同管控技术、基于船岸协同的内河航运安全管控与应急搜救技术等研发。合理统筹安排时速600公里级高速磁悬浮系统、时速400公里级高速轮轨（含可变轨距）客运列车系统、低真空管（隧）道高速列车等技术储备研发。

**（二）大力发展智慧交通。**推动大数据、互联网、人工智能、区块链、超级计算等新技术与交通行业深度融合。推进数据资源赋能交通发展，加速交通基础设施网、运输服务网、能源网与信息网络融合发展，构建泛在先进的交通信息基础设施。构建综合交通大数据中心体系，深化交通公共服务和电子政务发展。推进北斗卫星导航系统应用。

**（三）完善科技创新机制。**建立以企业为主体、产学研用深度融合的技术创新机制，鼓励交通行业各类创新主体建立创新联盟，建立关键核心技术攻关机制。建设一批具有国际影响力的实验室、试验基地、技术创新中心等创新平台，加大资源开放共享力度，优化科研资金投入机制。构建适应交通高质量发展的标准体系，加强重点领域标准有效供给。

## 六、安全保障完善可靠、反应快速

**（一）提升本质安全水平。**完善交通基础设施安全技术标准规范，持续加大基础设施安全防护投入，提升关键基础设施安全防护能力。构建现代化工程建设质量管理体系，推进精品建造和精细管理。强化交通基础设施养护，加强基础设施运行监测检测，提高养护专业化、信息化水平，增强设施耐久性和可靠性。强化载运工具质量治理，保障运输装备安全。

**（二）完善交通安全生产体系。**完善依法治理体系，健全交通安全生产法规制度和标准规范。完善安全责任体系，强化企业主体责任，明确部门监管责任。完善预防控制体系，有效防控系统性风险，建立交通装备、工程第三方认证制度。强化安全生产事故调查评估。完善网络安全保障体系，增强科技兴安能力，加强交通信息基础设施安全保护。完善支撑保障体系，加强安全设施建设。建立自然灾害交通防治体系，提高交通防灾抗灾能力。加强交通安全综合治理，切实提高交通安全水平。

**（三）强化交通应急救援能力。**建立健全综合交通应急管理体制机制、法规制度和预案体系，加强应急救援专业装备、设施、队伍建设，积极参与国际应急救援合作。强化应急救援社会协同能力，完善征用补偿机制。

## 七、绿色发展节约集约、低碳环保

**（一）促进资源节约集约利用。**加强土地、海域、无居民海岛、岸线、空域等资源节约集约利用，提升用地用海用岛效率。加强老旧设施更新利用，推广施工材料、废旧材料再生和综合利用，推进邮件快件包装绿色化、减量化，提高资源再利用和循环利用水平，推进交通资源循环利用产业发展。

**（二）强化节能减排和污染防治。**优化交通能源结构，推进新能源、清洁能源应用，促进公路货运节能减排，推动城市公共交通工具和城市物流配送车辆全部实现电动化、新能源化和清洁化。打好柴油货车污染治理攻坚战，统筹油、路、车治理，有效防治公路运输大气污染。严格执行国家和地方污染物控制标准及船舶排放区要求，推进船舶、港口污染防治。降低交通沿线噪声、振动，妥善处理好大型机场噪声影响。开展绿色出行行动，倡导绿色低碳出行理念。

**（三）强化交通生态环境保护修复。**严守生态保护红线，严格落实生态保护和水土保持措施，严格实施生态修复、地质环境治理恢复与土地复垦，将生态环保理念贯穿交通基础设施规划、建设、运营和养护全过程。推进生态选线选址，强化生态环保设计，避让耕地、林地、湿地等具有重要生态功能的国土空间。建设绿色交通廊道。

## 八、开放合作面向全球、互利共赢

**（一）构建互联互通、面向全球的交通网络。**以丝绸之路经济带六大国际经济合作走廊为主体，推进与周边国家铁路、公路、航道、油气管道等基础设施互联互通。提高海运、民航的全球连接度，建设世界一流的国际航运中心，推进21世纪海上丝绸之路建设。拓展国际航运物流，发展铁路国际班列，推进跨境道路运输便利化，大力发展航空物流枢纽，构建国际寄递物流供应链体系，打造陆海新通道。维护国际海运重要通道安全与畅通。

**（二）加大对外开放力度。**吸引外资进入交通领域，全面落实准入前国民待遇加负面清单管理制度。协同推进自由贸易试验区、中国特色自由贸易港建设。鼓励国内交通企业积极参与“一带一路”沿线交通基础设施建设和国际运输市场合作，打造世界一流交通企业。

**（三）深化交通国际合作。**提升国际合作深度与广度，形成国家、社会、企业多层次合作渠道。拓展国际合作平台，积极打造交通新平台，吸引重要交通国际组织来华落驻。积极推动全球交通治理体系建设与变革，促进交通运输政策、规则、制度、技术、标准“引进来”和“走出去”，积极参与交通国际组织事务框架下规则、标准制定修订。提升交通国际话语权和影响力。

## 九、人才队伍精良专业、创新奉献

**（一）培育高水平交通科技人才。**坚持高精尖缺导向，培养一批具有国际水平的战略科技人才、科技领军人才、青年科技人才和创新团队，培养交通一线创新人才，支持各领域各学科人才进入交通相关产业行业。推进交通高端智库建设，完善专家工作体系。

**（二）打造素质优良的交通劳动者大军。**弘扬劳模精神和工匠精神，造就一支素质优良的知识型、技能型、创新型劳动者大军。大力培养支撑中国制造、中国创造的交通技术技能人才队伍，构建适应交通发展需要的现代职业教育体系。

**（三）建设高素质专业化交通干部队伍。**落实建设高素质专业化干部队伍要求，打造一支忠诚干净担当的高素质干部队伍。注重专业能力培养，增强干部队伍适应现代综合交通运输发展要求的能力。加强优秀年轻干部队伍建设，加强国际交通组织人才培养。

## 十、完善治理体系，提升治理能力

**（一）深化行业改革。**坚持法治引领，完善综合交通法规体系，推动重点领域法律法规制定修订。不断深化铁路、公路、航道、空域管理体制改革，建立健全适应综合交通一体化发展的体制机制。推动国家铁路企业股份制改造、邮政企业混合所有制改革，支持民营企业健康发展。统筹制定交通发展战略、规划和政策，加快建设现代化综合交通体系。强化规划协同，实现“多规合一”“多规融合”。

**（二）优化营商环境。**健全市场治理规则，深入推进简政放权，破除区域壁垒，防止市场垄断，完善运输价格形成机制，构建统一开放、竞争有序的现代交通市场体系。全面实施市场准入负面清单制度，构建以信用为基础的新型监管机制。

**（三）扩大社会参与。**健全公共决策机制，实行依法决策、民主决策。鼓励交通行业组织积极参与行业治理，引导社会组织依法自治、规范自律，拓宽公众参与交通治理渠道。推动政府信息公开，建立健全公共监督机制。

**（四）培育交通文明。**推进优秀交通文化传承创新，加强重要交通遗迹遗存、现代交通重大工程的保护利用和精神挖掘，讲好中国交通故事。弘扬以“两路”精神、青藏铁路精神、民航英雄机组等为代表的交通精神，增强行业凝聚力和战斗力。全方位提升交通参与者文明素养，引导文明出行，营造文明交通环境，推动全社会交通文明程度大幅提升。

## 十一、保障措施

**（一）加强党的领导。**坚持党的全面领导，充分发挥党总揽全局、协调各方的作用。建立统筹协调的交通强国建设实施工作机制，强化部门协同、上下联动、军地互动，整体有序推进交通强国建设工作。

**（二）加强资金保障。**深化交通投融资改革，增强可持续发展能力，完善政府主导、分级负责、多元筹资、风险可控的资金保障和运行管理体制。建立健全中央和地方各级财政投入保障制度，鼓励采用多元化市场融资方式拓宽融资渠道，积极引导社会资本参与交通强国建设，强化风险防控机制建设。

**（三）加强实施管理。**各地区各部门要提高对交通强国建设重大意义的认识，科学制定配套政策和配置公共资源，促进自然资源、环保、财税、金融、投资、产业、贸易等政策与交通强国建设相关政策协同，部署若干重大工程、重大项目，合理规划交通强国建设进程。鼓励有条件的地方和企业在交通强国建设中先行先试。交通运输部要会同有关部门加强跟踪分析和督促指导，建立交通强国评价指标体系，重大事项及时向党中央、国务院报告。

# 附录 2　交通强国江苏方案

为贯彻落实《交通强国建设纲要》，率先建成交通强省，推动江苏高质量发展走在前列，结合江苏实际，制定《交通强国江苏方案》。

## 一、总体要求

### （一）指导思想

以习近平新时代中国特色社会主义思想为指导，深入贯彻落实党的十九大和习近平总书记对江苏工作、对交通运输工作的重要指示精神，紧紧围绕“强富美高”新江苏建设总目标，坚持稳中求进工作总基调，坚持新发展理念，坚持推动高质量发展走在前列，坚持以供给侧结构性改革为主线，坚持以人民为中心的发展思想，牢牢把握交通“先行官”定位，以全球化视野、系统性思维，对标国际先进，构建安全、便捷、高效、绿色、经济的现代化综合交通体系，打造一流设施、一流技术、一流管理、一流服务，建成人民满意、保障有力、世界前列的交通强省。

### （二）发展定位

在交通强国建设中打造先行区，率先在国内建成现代化综合交通体系；在“强富美高”新江苏建设中当好先行军，以交通运输的率先发展服务国家战略实施，支撑引领江苏高质量发展，更好地满足人民日益增长的美好生活需要；在全面深化交通领域改革中勇做探路者，积极探索交通运输体制机制改革、管理模式及科技创新，提升交通运输发展质量和效率。

### （三）发展目标

2020 年，完成决胜高水平全面建成小康社会交通建设任务和江苏省“十三五”综合交通运输体系发展规划各项任务。综合交通基础设施总体达到世界先进水平，为建设交通强省奠定坚实基础。

到 2035 年，基本建成交通强省，形成安全、便捷、高效、绿色、经济的现代化综合交通体系，交通运输总体发展水平进入世界先进行列。交通运输安全达到国际先进水平，无障碍出行服务体系基本建成，有效保障经济安全、国土安全、生态安全和维护国家权益。交通基础设施网络便捷化程度居世界前列，拥有发达的快速网、完善的干线网、广泛的基础网，天地一体的交通控制网基本形成，高快速铁路基本覆盖所有县级及以上节点。交通客货运输高效连接全国、全球，构建“高品质出行圈”，基本实现一日联通全球，半日通达全国，2 小时畅行江苏全省，各设区市 1.5 小时抵达南京；构建“高效快货物流圈”，基本实现国内 1 天送达、周边国家 2 天送达、全球主要城市 3 天送达，货物经由江苏口岸直运主要发达国家和“一带一路”沿线主要国家。交通运输绿色发展水平达到世界先进水平，交通网络结构显著优化，铁路、水运等集约运输方式在客货运输中的占比显著提升，铁路客运量占比达 30%，铁路、水运货运周转量占比达 70%以上。交通运输发展经济惠民，市场环境优良，物流总费用与地区生产总值比率下降到 10%以下。

到本世纪中叶，全面高质量建成人民满意、保障有力、世界前列的交通强省，交通运输总体发展水平进入世界前列，全面服务和保障社会主义现代化强省建设，人民享有美好交通服务。

## 二、重点任务

### （一）着力构建高质量的综合交通网络体系

**1. 加快铁路建设，打造轨道上的江苏。**加快高快速铁路建设，打通国家高铁干线江苏境内路段，完善区域高快速铁路网络。加快城际铁路、市域（郊）铁路规划和建设，打造多层次轨道交通体系，实现无缝换乘与衔接。完善货运铁路网络布局，加快既有线扩能、电气化改造，研究开行通勤客运。到 2035 年，高快速铁路达到 5 000 公里以上，货运铁路达到 1 700 公里以上。

**2. 强化机场统筹，增强机场群功能。**高标准建设南京禄口机场，到 2035 年，旅客吞吐量进入全球前 50 位。提升苏南硕放机场服务能力，将南通新机场建设为上海国际航空枢纽的重要组成部分，加强苏州机场规划研究。加快提升淮安涟水机场航空货运枢纽功能，建设徐州观音机场为淮海经济区中心机场，加快其他机场改扩建。加快把高铁、城际铁路、市域（郊）铁路引入重点机场，打造“轨道上的机场群”。加快通用机场建设，到 2035 年，实现 15 分钟航程覆盖全省域。

**3. 加快过江通道建设，促进跨江融合发展。**统筹长江岸线资源保护与利用，系统布局过江通道。融合铁路、公路、城市道路、城市轨道等交通方式以及桥梁、隧道等过江形式，建设多功能复合型过江通道。到 2035 年，已建和在建长江过江通道达到 36 座，长江两岸相邻县（市、区）实现直连快通。

**4. 完善公路网络，提升路网服务水平。**提升高速公路网络功能，优化普通国省干线公路网，完善快速干线公路网络。推进公路与其他运输方式的互联互通和集疏运公路建设。到 2035 年，全面建成 6 600 公里以上的“十五射六纵十横”高速公路网。推进“四好农村路”建设，加强特色农产品优势区与旅游资源富集区的交通建设。加快县道建设，加强农村公路向规划发展村庄延伸覆盖，积极推进通村组道路、入户道路建设。健全长效管护机制，落实管护主体、人员和经费。到 2035 年，重点中心镇、特色小镇通二级及以上公路，进村入户覆盖率明显提升。

**5. 加强港口航道建设，发挥水运优势。**畅通高等级航道网，重点加快京杭大运河及相关骨干航道、沿江港口通江高等级航道和沿海港口新开发港区疏港航道建设。到 2035 年，建成“两纵五横”干线航道网，高等级航道总里程 3 600 公里以上。构建长三角北翼“两出海口、一枢纽、多示范”的港口新格局，形成以连云港港为支撑的陆海联运出海口，以南通港、苏州港为支撑的江海联运新出海口，以南京港为核心的长江中转联运枢纽，以淮安港、徐州港、无锡港为示范的特色内河集装箱港。规划建设南通通州湾长江集装箱运输新出海口，推进盐城港滨海港区等开发建设。推进沿江港口资源整合、结构优化和内河港口规模化发展。加快发展邮轮、游船码头。到 2035 年，港口综合通过能力 22.5 亿吨，集装箱通过能力 2 500 万标箱以上。

**6. 统筹管网布局，推进油气管网建设。**推动管道项目建设和原有老旧管道增输改造，全面建成江北成品油管道，形成连接全省主要炼油厂和主要终端市场的原油、成品油输送网络。加大天然气干支管网建设。发挥沿海 LNG 接收基地的作用，同步推进一批支线管网建设。

**7. 强化枢纽体系，建设立体交通枢纽。**提升南京首位度，提升全球直达能力，建设区域性航运物流中心，构建直连全国的“米”字形高速铁路网，构筑南京都市圈轨道网。支持镇江、扬州融入南京都市圈枢纽布局。着力打造无锡、连云港、徐州全国性综合交通枢纽。提升苏州、南通、淮安等综合交通枢纽功能，苏州、南通打造成为以上海为核心的国际性综合交通枢纽的重要组成部分。支持常州、泰州、盐城、宿迁建设区域性综合交通枢纽。建设立体化枢纽场站集群。到 2035 年，基本实现综合客运枢纽县级及以上节点全覆盖，多式联运枢纽在沿江沿海重点港区和内河重点港口全覆盖。大力推动临港经济、临空经济和高铁经济发展。完善支撑和引领自贸区发展的综合交通运输体系。

**（二）着力构建高效率的货运服务体系**

**1. 提升海运实力，强化东向国际运输。**深化区域间港口合作，大力发展水水中转运输，打造海江河一体化联运港区。以连云港港、南京港、苏州港、南通港为重点，加快发展集装箱运输。推进航线协调发展，重点加强至日韩、东盟地区等近洋航线建设，提高航线直达率和航班密度，优化至美西、中东、欧洲等远洋航线运输布局。积极发展现代航运服务，培育一批龙头骨干企业。连云港港加大海铁联运国际班列开行密度，强化中哈物流合作基地和上合组织（连云港）国际物流园建设。

**2. 完善铁路建设，加强西向运输能力。**强化徐州、南京铁路货运枢纽作用。加强全省铁路货运与徐州铁路枢纽的联系。加强南京与苏北及沿海地区的铁路货运联系，构建全省重要的纵向货运通道，研究规划南京向西、向南铁路货运通道。统筹推动中欧班列扩量增效，整合优化中欧班列线路，提升回程揽货能力，打造各具特色、错位发展的品牌线路。

**3. 提升航空货运功能，引领产业升级。**南京禄口机场、苏南硕放机场重点开辟至东南亚、欧美的全货运航线。淮安涟水机场加强与电商、物流、快递企业合作，引进货运航空公司，推动空港经济区与机场联动发展。

**4. 调整运输结构，提高绿色货运比重。**构建铁路货运枢纽体系，加快疏港铁路专（支）线建设。研究打造高铁货运和航空货运的联运体系。完善海运直达、海江河联运、长江中上游地区及内陆地区中转联运等三大运输体系。推进内河集装箱运输，打造示范航线。推进江海直达船型、集装箱示范船型、内河集装箱（滚装）标准船型研发应用。继续推进国家、省级多式联运示范工程建设。

**5. 发展现代物流，加强配送网络建设。**推进电商物流、冷链物流、大件运输、危险品物流等专业化物流发展。打造具有全球竞争力的邮政快递枢纽，共同构建国际寄递物流供应链体系。引导交通运输、商贸、邮政、供销等物流资源整合，培育现代物流服务主体，壮大供应链服务、冷链快递、即时直递等新业态新模式，提高物流标准化、信息化、专业化和社会化水平，促进物流降本增效。

**（三）着力构建高品质的客运服务体系**

**1. 提升航空客运服务，拓展国际国内直达航线。**南京禄口机场重点加强与全球大型枢纽的联系；苏南硕放机场加密至东南亚的航线，争取开辟洲际航线。连云港、徐州等地机场重点开辟面向“一带一路”沿线合作地区的航线；中小机场加强与国内枢纽机场的中转衔接，稳定串飞航线。到2035年，航班准点率达到85%。培育引进基地航空公司，提升航空运力自主可控水平。

**2. 以轨道为重点，打造城际客运网络。**探索铁路中转联程联运，在铁路站点设置换乘通道，实现多种轨道交通方式“一个时刻表、一次付票款、一张旅行票”。在地方权限范围内探索城际铁路的自主运营路径，推进公交化运营。推进公路客运转型发展，实现与轨道交通的错位互补发展。

**3. 践行公交优先理念，提升城市公交吸引力。**完善公交网络，南京、苏锡常、徐州都市圈核心城市加快建立以城市轨道交通（地铁、轻轨）为主骨架、常规公交为主体、其他公交方式为补充的城市公共交通体系。提升公交服务水平，开展“公交都市”“公交优先示范城市”示范工程建设。发展多元化的公交服务。加强城市交通拥堵治理。

**4. 完善城乡客运体系，提升一体化发展水平。**提升城乡公交服务品质，支持全域公交、区域公交等多样化城乡客运模式。探索农村客运发展新模式，鼓励定班定线与电话、网络预约、定制公交等需求响应式经营模式相结合。深入推进镇村公交持续健康发展。

**5. 创新客运服务，提升客运出行体验。**完善旅客联程运输服务，探索“一站式”联程售票。优化全域旅游交通网络，推动旅游风景道、自驾车房车营地、游艇旅游、低空飞行旅游等发展。增加智能化、定制化客运服务供给，推进客运服务新模式发展。探索构建无障碍出行的标准体系，加强无障碍设施建设。

**（四）着力构建高水平的绿色交通体系**

**1. 促进资源集约循环利用。**加强土地、海域、岸线、空域等资源节约集约利用，推广施工材料、废旧材料再生和综合利用，促进城市绿色配送发展，推进交通资源循环利用产业发展。

**2. 强化节能减排和污染防治。**推进绿色交通基础设施建设。加大新能源和清洁能源车船的推广，加快港口、机场岸电设施建设与使用。开展柴油货车污染治理专项行动。继续实施内河船型标准化。加强港口水污染防治和船舶污染物接收设施建设。

**3. 推进生态保护，打造交通绿色廊道。**实施铁路、高速公路、普通公路、航道、港口码头等交通沿线绿化和环境整治行动，重点打造长江和京杭大运河两条绿色廊道。

**4. 提升绿色发展保障能力。**强化跨部门协同合作，建立完善节能降碳、污染防治等相关标准规范体系，强化交通能耗、排放监测监管，完善绿色发展考核机制，推进绿色信贷、绿色债券等应用。

**（五）着力构建高标准的平安交通体系**

**1. 完善制度体系，全面落实安全责任。**健全企业安全生产制度和各项操作规程，以及交通运输安全生产监督管理工作责任规范，厘清安全监管的权力和责任清单。推进交通运输安全生产诚信体系建设。严格交通运输市场准入，严格控制新增危险货物运输企业。

**2. 筑牢防控体系，提升交通安全水平。**实施公路安全生命防护工程，加快危桥改造、隐患隧道整治、渡口渡船提档升级、撤渡建桥、老旧车船更新改造、船型车型标准化。构建风险防控和隐患排查治理双重预防机制。加强交通运输安全防控关键技术和装备研发。

**3. 加强安全教育，提升人员安全素质。**强化交通运输从业人员职业化培训，实施更高标准的驾驶员资质准入。加大安全宣传教育力度，持续推进交通运输安全知识进校园、进企业、进社区、进农村活动，弘扬交通运输安全文化。

**4. 强化应急体系，提升救援处置能力。**构建分层次的应急预案体系。建立多部门联动应急机制和科学有效的应急能力评估机制。优化专业应急救援力量布局，加强应急救援专业装备配备和资金保障。持续开展多种形式的实战演练演习，提升交通运输突发事件应急处置能力。强化重大突发公共卫生事件等应急响应机制建设。

**5. 强化执法监管，从严治超。**以更严格的措施管控“两客一危”道路运输安全，以更严格的标准加强超限超载运输治理工作。对相关违法违规行为，依法从严处罚并纳入信用管理。

**（六）着力构建高水准的智慧交通体系**

**1. 加快数字化发展，提升基础设施建管养运效率。**推进交通基础设施全周期数字化。完善交通运行综合监测体系。加强跨江大桥、水下长隧道等关键基础设施全寿命周期健康性能监测。全面推进智慧公路、智慧航道、智慧港口、智慧机场等建设，推动交通重点路段、重要节点的交通感知网络全覆盖，实现智慧基础设施网络化运营管理。

**2. 加强信息融合，提升客货运输效率。**整合建设各种运输方式的数据中心、移动应用平台。推动长三角交通运输信息资源共享，深化跨部门数据共享应用。加强与互联网公司、电信运营商等合作，打造指尖出行助手。完善船联网平台，推广智能过闸系统应用。在全国率先建成省级无车承运人监测与服务平台，培育具有全国影响力的无车承运人企业，推广线下基地、线上平台、商业贸易、产经信息、物流配送等融为一体的智慧物流营运模式。

**（七）着力构建高层次的创新发展体系**

**1. 加强研发应用，提升交通科技水平。**开展交通基础设施管养决策支持、安全监测预警与应急、综合交通协同管控等智能交通管控技术研究与应用。开展工业化、标准化设计与施工技术、钢结构技术、长寿命高性能新材料技术、港口升级及资源集约开发技术等建养工程技术研究与应用。探索推进区块链技术在交通领域的应用。

**2. 培育产业新动能，促进交通产业发展。**实施工程建设工厂化生产、装配化施工、标准化建设。培育具有显著竞争力的龙头企业。发展甩挂运输、大型厢式货车和城市配送车辆，发展安全、实用、经济型乡村客车。发展多式联运成套技术装备。发展车路协同、自动驾驶等相关智能交通产业。

**3. 强化创新主体，推动创新能力建设。**弘扬科学精神和工匠精神，完善以企业为主体、市场为导向、产学研用深度融合的创新体系，建立创新联盟，激发创新主体活力。培育、建设一批具有国际影响力的实验室、试验基地、技术创新中心等创新平台。建设一流的交通运输新型智库平台。

**4. 推进标准化工作，促进行业提档升级。**完善交通运输技术标准体系，强化各种运输方式标准协调衔接，加大危险货物运输、冷链运输、车路协同、自动驾驶等标准研究。推动建立完善长三角区域交通运输标准一体化合作机制。

**（八）着力构建高效能的交通治理体系**

**1. 优化行政职能，深化体制机制改革。**整合交通运输行政职能，简政放权，健全铁路、航空领域的省级事权，明确省、市、县三级财政事权与支出责任，推进市、县两级承担行政职能事业单位改革。深化综合交通运输大部门管理体制改革。建立健全公共决策、监督机制。

**2. 加强法治建设，构建一体化交通运输市场。**制定、修订有关地方交通运输法规体系。加强综合执法改革，探索建立以“大数据＋精准执法＋信用管理”为一体的新型执法模式。加强市场监管，利用大数据分析、随机抽查、信用评价等依法加强事中事后监管，健全交通运输市场退出机制。推进道路客运转型升级和出租汽车行业改革。完善交通运输行业信用体系和标准体系。

**3. 深化改革创新，提升自主发展能力。**发挥省级交通运输平台在综合交通投资、建设、运营的主力军作用。建立完善以现代企业制度为核心的集团法人治理结构。完善内控风控体系，强化融资保障能力。

**4. 推进文化建设，营造良好发展氛围。**实施交通文化创建工程，提升交通职工文化素养，扩大交通运输文化品牌效应。加强新媒体宣传，建设交通法治文化。

**5. 加强国际合作，提升江苏交通世界影响力。**依托重大基础设施建设工程，打造江苏交通品牌。推进政府、社会、企业多层次的合作，提升国际合作深度与广度。

## 三、打造交通强国建设江苏样板

服务国家战略和江苏高质量发展要求，结合江苏交通发展实际，努力打造“一带一路”的交通标杆示范项目样板，重点建设连霍新亚欧陆海联运通道；打造长江经济带运输结构调整样板，重点发展公铁水、海江河联运；打造航运特色鲜明的大运河文化带样板，重点建设京杭大运河绿色航运示范区；打造综合交通运输改革发展样板，重点构建统筹协同的规划、建设、管理体制机制；打造枢纽经济发展样板，重点以优化重大枢纽布局推动产业发展；打造交通引领城市群发展样板，重点建设沿江城市群多层次轨道网；打造交通服务乡村振兴样板，重点建立“农村公路＋”发展模式；打造创新驱动发展样板，推动行业发展质量变革、效率变革、动力变革；打造平安交通发展样板，重点实施科技兴安工程；打造交通品质工程样板，重点提升“十年路面百年桥”品牌优势。

## 四、保障措施

### （一）加强政治保障

坚持党的全面领导，充分发挥党总揽全局、协调各方作用，增强“四个意识”、坚定“四个自信”、做到“两个维护”，更加自觉地在思想上政治上行动上同以习近平同志为核心的党中央保持高度一致，更加扎实地把党中央的各项决策部署落到实处。

### （二）加强组织保障

强化部门协同、上下联动、军地互动。建立部省协调机制，指导、推动解决交通强省建设中的前瞻性、战略性重大问题。探索建立省地联动谋划综合交通运输发展战略与规划研究的新机制，鼓励有条件的地方、企业在交通强省建设中找准示范，先行先试。

### （三）加强人才保障

实施“人才强交”战略，加强对人才的政治引领，激发创业创新的热情。建立开放有效的交通人才培养、评价、引进、使用和激励机制，推进交通重点人才工程建设。

### （四）加强要素保障

强化财政资金保障，完善政府主导、分级负责、多元筹资、风险可控的资金保障和运行管理体制。构建资金保障长效机制。促进自然资源、生态环境等政策与交通强省建设相关政策协同。加强交通基础设施用地用海保障，加强重要通道、重大设施和重大项目的空间预控。

## 交通强国建设江苏十大样板附件

认真贯彻落实《交通强国建设纲要》，切实开展好全国第一批交通强国建设试点工作，紧密结合江苏实际，服务重大战略，服务江苏高质量发展，打造交通强国建设江苏十大样板。

**一、打造"一带一路"的交通标杆示范项目样板——重点建设连霍新亚欧陆海联运通道**

2020年，与亚太、欧洲联系的国际海陆联运网络进一步完善，综合交通枢纽地位得到巩固提升。到2025年，与亚太、欧洲联系的国际海陆联运网络服务效率和品质不断提高，综合交通枢纽地位更加突出。到2035年，交通运输的国际影响力显著提升，与亚太、欧洲联系的国际海陆联运网络服务效率和品质赶超国际先进水平。

重点工作：一是推进陆海联运连云港核心节点建设。加快连云港港区域性国际枢纽港基础设施建设，强化陆向联运设施建设，积极拓展近远洋航线航班。二是打造通州湾长江集装箱运输新出海口。加强苏通合作，建设上海国际航运中心北翼江海组合强港，成为长三角世界级港口群的重要组成部分。三是提升徐州铁路枢纽功能。打造国家铁路物流中心和淮海国际陆港，推进徐州干线铁路建设及既有线的扩能改造。四是加快提升淮安涟水机场货运服务功能。启动三期扩建工程，招引大型快递企业，推进国际邮件互换局（交换站）、跨境电商中心建设。加快淮河生态经济带江苏公路建设布局。五是培育国际合作载体。加快中哈物流合作基地、上合组织（连云港）国际物流园建设，持续推进境外网点布局及与境外重点联运载体的战略合作。六是推动中欧（亚）班列提质增效。推进枢纽节点建设，强化省级统筹协调和资源整合。七是强化推进管道运输。加强油气管网与港口接卸码头对接，推进天然气干支管网建设。

**二、打造长江经济带运输结构调整样板——重点发展公铁水、海江河联运**

2020年，铁路、水路承担的大宗货物运输量显著增加，与2017年相比，全省多式联运货运量、重点港口集装箱铁水联运量增长30%以上，内河集装箱运输量达到50万TEU，运输结构调整取得明显成效。到2025年，铁路集装箱运输比重和集装箱铁水联运比重大幅提高，多式联运方式广泛应用，水运货运周转量占比接近 70%，铁水联运量占港口吞吐量比例力争达到 3.5%，运输结构调整取得重大成效。到 2035 年，多式联运货运量、重点港口集装箱铁水联运量位居全国前列，水运货运周转量占比稳定在 70%以上，铁水联运量占港口吞吐量比例达到 5%，物流运行效率和效益水平进入世界先进行列。

重点工作：一是加强货运铁路网络建设。打造至广州、成都、昆明、沈阳等主要城市的铁路省际干线班列，加强集疏港铁路与干线铁路和码头堆场的衔接。二是畅通高等级航道网，加强港口体系建设。打造苏南至太仓港、苏北至连云港港、苏北至太仓港 3 条内河集装箱运输示范航线。三是加快多式联运枢纽建设。推进公铁水、海江河联运发展，建设连云港、南京、苏州等部省多式联运示范项目。四是完善和推广多式联运信息服务、提高物流信息服务水平。五是加强公路货运治理，推进城乡绿色配送发展。

**三、打造航运特色鲜明的大运河文化带样板——重点建设京杭大运河绿色航运示范区**

2022 年，将京杭大运河江苏段打造成为航运设施尽显绿色生态之美、航运设备尽显低碳环保之美、航运尽显高效顺畅之美、航运组织尽显人文智慧之美的“四美运河”。2022—2035 年期间，通过持续推进船型标准化、清洁能源应用、内河集装箱运输和多式联运等，进一步巩固和强化京杭大运河江苏段绿色航运发展成效，并在全省全面推行，力争在全国形成一定的示范效应，内河航运发展总体上达到国际领先水平。

重点工作：一是以“生态友好、畅通高效”为导向，推进航运基础设施建设。实施绿色航道建设、绿色港口建设专项行动。二是以“清洁低碳、节能环保”为导向，提升航运装备技术水平。实施绿色船舶发展、绿色港机设备专项行动。三是以“箱式联运、降本增效”为导向，促进综合运输结构调整。实施内河集装箱发展专项行动、多式联运专项行动。四是以“人文智慧、创新融合”为导向，聚力提升航运服务品质。实施智慧运河专项行动、航运文化建设专项行动。

**四、打造综合交通运输改革发展样板——重点构建统筹协同的规划、建设、管理体制机制**

重点工作：一是着力深化综合交通运输大部门管理体制机制改革，有效实现交通运输大部门体制架构更加科学，运行机制更加高效。二是着力深化综合交通运输供给侧结构性改革，围绕打造优质高效的现代供应链体系，深入研究交通运输领域降成本、增效益的切实举措。三是着力深化综合交通运输规划体制机制改革，推动交通运输规划跨部门、跨市域对接协调更加顺畅。四是着力深化综合交通运输投融资体制改革，构建更加稳定的资金保障体系和有效的债务风险防控机制。五是着力深化综合交通运输法治工作体制机制改革，实现法治工作体制机制更加健全、法治交通建设迈上新台阶。六是着力深化综合交通运输行业监管体制机制改革，推动现代行业监管体系基本形成、行业监管更加有力。七是着力深化省级交通运输部门运行机制改革，实现行政权责匹配更加合理、行政运行更加规范高效。八是着力深化交通运输现代服务体系改革，构建更加完善的运输服务体系，增强交通运输惠民实效。

**五、打造枢纽经济发展样板——重点以优化重大枢纽布局推动产业发展**

2020年，全省综合交通枢纽空间布局基本确立，初步形成宁镇扬、苏锡常通泰盐、连徐淮宿三大交通枢纽板块。到2025年，三大板块形成一批初具规模、具有全国示范效应的枢纽经济区。到2035年，全面形成“布局完善、功能完备、协同高效、深度融合”的重大交通枢纽网络，在全球有影响力、在全国有竞争力的枢纽区域地位显著增强。

重点工作：一是优化全省枢纽网络空间布局。提升南京首位度，与镇江、扬州共同打造全省门户型综合交通枢纽板块。积极推动苏州、南通提升综合交通枢纽功能，苏锡常通泰盐共同打造长三角综合交通枢纽的重要组成部分。连徐淮宿共同打造“一带一路”联运交通枢纽板块。二是提升航空、港口、铁路枢纽综合服务能力。高标准建设南京禄口机场，提升苏南硕放机场服务能力，做强淮安涟水机场航空货运枢纽功能。重点打造连云港港、南京港、苏州港、南通港等港口。重点建设南京北站等铁路综合客运主枢纽和徐州铁路物流基地。三是培育构建枢纽偏好型产业体系，发展临空经济、临港经济、高铁经济。依托南京、无锡、淮安等地民用机场，发展航空制造、航空物流等现代空港产业，建设南京临空经济示范区等。以连云港港、南京港和苏州港、南通港为重点，发展现代港口物流业、现代航运服务业等临港产业。围绕铁路枢纽，发展高端商务商贸业、文化创意等产业。四是探索枢纽经济发展体制机制。发挥资本运营平台作用，建立协同推进机制。

**六、打造交通引领城市群发展样板——重点建设沿江城市群多层次轨道网**

2020 年，基本实现沿江各设区市 1.5 小时至上海、南京，城市群内各市县之间 2 小时通达。到 2025 年，基本形成沿江城市群内部 1 小时、中心城市与毗邻城市 0.5～1 小时交通圈。到 2035 年，基本建成“领先国际、示范国内、1.5 小时通达长三角、1 小时贯通全市域的轨道上的沿江城市群”。

重点工作：一是紧密对接国家相关规划。适时启动城际铁路中长期规划及市域（郊）、城市轨道线网等规划修编工作。二是加快推进“四网融合”，共同构成完整的轨道出行链。三是稳步推进项目前期工作，有序推进项目建设。加快推进北沿江高铁、通苏嘉铁路、盐泰锡常宜铁路等前期工作，尽快启动宁宣铁路、宁扬宁马铁路、如通苏湖苏州至吴江段城际铁路等前期工作。四是全面提升运输服务水平。优化客运组织、加强枢纽衔接，构建轨道客运系统。五是积极探索铁路投资、建设、运管管理模式创新，大力推进轨道交通战略性新兴产业发展。

**七、打造交通服务乡村振兴样板——重点建立“农村公路＋”发展模式**

2020 年，“农村公路＋”样板及典型案例推广应用，全面建成建管养运协调发展的农村公路交通体系，在全国交通运输服务和支撑乡村振兴战略实施中起到引领作用。到 2025 年，“农村公路＋”样板在全国得到广泛推广应用，农村公路建管养运协调发展水平保持全国领先，为全国交通运输服务和支撑乡村振兴战略作出示范。到 2035 年，“农村公路＋”样板成为交通强国江苏方案的先进典型，农村公路建管养运协调发展水平走在世界前列。

重点工作：一是通过完善农村交通基础设施网络、高标准实施农村公路提档升级、提升农村公路建设品质、加强农村公路与地方特色产业融合发展、拓展农村公路服务功能等，推动农村交通提质升级。二是通过加强农村交通安全保障、整治沿线路域环境、推进绿色可持续发展、开展美丽公路建设等，改善农村交通环境。三是通过加强基层党建工作、注重公路文化建设、打造乡村健身文化品牌、开展示范创建工作等，强化交通文化建设。四是通过落实管养责任、创新养护运行机制、加强农村公路法治建设、融入乡村基层治理、提升农村交通信息化水平等，强化管理养护升级。五是通过打造高品质农村客运服务、完善农村物流体系建设、推动城乡交通运输一体化建设等，提升运输服务供给，深入实施“邮政在乡”和“快递下乡”工程，提升城乡寄送服务均等化水平。

**八、打造创新驱动发展样板——推动行业发展质量变革、效率变革、动力变革**

2020 年，完成新一代国家交通控制网试点工程建设，建成一批具有影响力的智慧交通基础设施，智能网联领域的产业化布局初步形成。到 2025 年，进一步成体系地推进高新技术的研发和推广应用，创新能力和水平继续走在全国前列，智慧基础设施实现网络化运营管理；BIM 技术、基础设施服役能力长期保持与提升技术实现应用；自动驾驶在商用车领域率先得到应用，苏南地区智能交通产业建设成为有影响力的高地。到 2035 年，在交通运输部分重大关键技术领域具备国际竞争力，产品标准及认证体系与国际全面接轨，形成全国领先的科技、智慧交通、产业发展创新高地。

重点工作：一是加强高新技术应用，建设新一代国家交通控制网。开展沪宁智慧高速公路、京杭大运河智能航运等关键技术研究及试点示范，运用大数据提升行业治理水平。二是强化重大技术攻关，研究建立高可靠性公路货运系统，推进新一代电子识别技术的研发与应用，开展基础设施科技攻关，推动 BIM 技术、基础设施服役能力长期保持与提升技术应用。三是引导绿色智慧交通产业发展，打造支撑和引领高质量发展的交通产业高地，推动自动驾驶在商用车领域率先得到应用。

**九、打造平安交通发展样板——重点实施科技兴安工程**

2020 年，交通运输科技兴安工作机制基本建成，重点领域和关键环节形成并推广应用一批先进、成熟、适用的安全生产技术创新成果，安全生产事故防范能力有效加强。到 2025 年，全省交通运输科技兴安工作机制逐步完善，交通运输安全与应急技术装备实现规模化应用，安全生产事故总量明显下降。到 2035 年，全省交通运输安全生产科技水平达到发达国家水平，安全生产重大风险基本可控，安全生产事故总量大幅降低，科技兴安整体水平与交通强省建设目标相适应。

重点工作：一是科技支撑从业人员安全素质提升。整合开发、升级监管信息平台，构建从业人员“互联网+智能云平台”。二是科技支撑交通基础设施运行安全。完善公路水路基础设施安全标准体系，建设公路水路基础设施运行安全监测平台。三是科技支撑设施设备安全性能提升。推广应用车船主被动安全成套技术与装备，建立港口重大危险源智能在线监测预警系统。四是科技支撑行业安全管理能力提升。建立和完善双重预防机制标准体系。制定交通运输安全生产数据通信交互协议标准规范。五是科技支撑应急处置与管理。推广应用突发事件应急处置技术与装备，建立突发事件智能调度与辅助决策平台。六是科技支撑安全发展体系建设。持续深化安全责任体系、标准规范体系和考核评估体系。

**十、打造交通品质工程样板——重点提升“十年路面百年桥”品牌优势**

2020年，形成以“标准化、信息化、绿色化”为核心的一整套具有鲜明江苏特色的交通品质工程政策、标准和制度体系；工程内在质量、外在品位全面提升，交通基础设施建设水平继续保持全国领先。到2025年，持续推进交通工程“标准化再提升、信息化促转型、绿色化显成效”，有效实现品质工程理念常态化，制定一批具有较强影响力的江苏标准规范，交通基础设施质量达到世界先进水平。到2035年，品质工程样板显著支撑“人民满意、保障有力、世界前列的交通强省”，交通基础设施建设总体水平步入世界领先行列，现代化综合交通体系基本形成。

重点工作：一是建设优质耐久安全可靠工程，推动产品变作品。加大长寿命技术、耐久性新材料等方面的攻关和集成应用。建管养一体化融合，推进工程建设精品建造，强化预防性养护，构建基础设施运行监测检测体系。二是构筑科学规范重信守诺体系，推动流程变标准。构建交通高质量发展的设计标准体系。推进工程信用体系建设，实现建设领域信用评价“1+6”全覆盖。深入开展“标准化+”行动，加强工程建设养护领域的技术标准研究和制定。三是促进精细智慧创新协调发展，推动制造变创造。全面推进智慧工地建设。加强BIM技术与交通基础设施建设、运营维护工作的深度融合，建立交通行业BIM应用技术标准。

# 附录3　盐城市综合立体交通网布局规划（2021—2050年）（节选）

两大发展目标。到2035年，建成“安全便捷、经济高效、开放融合、绿色智慧”的现代综合交通运输体系，成为立足盐城、融入长三角、畅达全国、联通世界的交通强市，支撑和引领盐城建设长三角城市群北翼中心城市和“两带”（沿海经济带和淮河生态经济带）交汇重要出海新门户，助力盐城在高质量发展上走在苏北苏中前列。到2050年，建成长三角城市群北翼中心城市和“两带”（沿海经济带和淮河生态经济带）交汇重要出海新门户。全面建成陆、海、空综合立体交通网，在重要运输廊道中建成多条公路、铁路、航道组合的复合型通道，建成层次清晰、功能完善的综合交通枢纽，交通运输总体发展水平进入国际先进行列，全面服务和保障社会主义现代化强市建设，人民享有美好交通服务。

三大能力目标。公路网：市域形成“七横五纵”高速公路网，主城“两环九射”高速公路网，高速公路总里程达到1 088公里。普通干线公路呈现“五纵十七横四联”布局形态，总里程达到2 602公里。快速干线公路呈现“一环六射三联”布局形态，总里程达到610公里。所有乡镇15分钟上高速，主城与县市区高快结合。铁路网：全面建成高速、普速、城际、市域构成的多层次铁路网，规划形成沿海高速铁路通道，里程210公里，“一纵三射”城际铁路网，总里程达到303公里，实现高速/城际铁路县级及以上节点全覆盖。普通铁路网达到421公里，实现对区县和沿海港口的全覆盖。形成678公里“主城放射、节点串联”的市域（郊）铁路网。航道网：形成东接沿海港口群、南接上海国际航运中心、西承淮河生态经济带、北连东陇海产业带的“一轴十二射”约818公里的内河干线航道网，省干线达标率达100%。

三大发展策略。一是建设世界级城市群高铁组合枢纽。借鉴成都、深圳、合肥等城市经验，盐城主动与上海、南京共建世界级城市群高铁枢纽，提升枢纽能级。抓住传统沿海通道和徐宿淮盐通道、苏南通道、盐宁通道等新兴通道建设机遇，从沿海通道节点变成向徐州、上海、连云港、无锡、南京五个方向均衡辐射的枢纽，提升盐城在高铁网络中的可达性。二是打造长三角北翼枢纽机场。以打造“一带一路”节点城市和中韩（盐城）产业园建设为契机，以服务高水平全面对外开放为己任，努力打造陆海内外联动、东西双向互济的开放格局。从适度超前推进基础设施建设、完善航线网络布局、加快补齐航空货运短板、优化空陆联运设施布局、紧密加强与周边枢纽机场的协作、加快新机场的规划研究、积极发展通用航空等方面努力提升机场能级，提高国际国内两个扇面的辐射能力，建设打造长三角地区重要节点机场、公商务和旅游机场、沿海地区对韩特色城市机场。三是打造长三角北翼区域性现代物流枢纽港。抢占先机，发挥“一带一路”倡议和长江经济带战略机遇以及沿海通道和淮河生态经济带交汇点优势。打通海铁联运通道，打造海铁联运枢纽港。开辟集装箱近洋航线，培育远洋航线。整合市内集装箱资源，深入参与上海国家航运中心建设。积极主动承接上海港运能溢出，建设江海联运枢纽港。分工合作，构建以资源整合为核心的管理运营体制。

六大时空目标：联通世界，实现多通道、多路径可达“一带一路”主要国家，1日通达东北亚主要城市；便捷联系上海及南京。畅达全国，3小时通达北京；与京津冀、粤港澳、成渝城市群等国家级城市群中心城市8小时互通；与全国骨干运输通道多通道联通。融入长三角，实现长三角城市群节点城市轨道交通直达；与长三角城市群节点城市2小时互通，1小时通达周边设区市。立足盐城，实现中心城区与辖区内县市间40分钟互通；构建“市域轨道、快速干线”双快市域交通体系。

七大发展通道。第一，沿海通道（既有国家级通道）：沿海通道是国家“十纵十横”运输通道的重要组成部分，发挥综合运输的优势和效益，支撑沿线城镇和产业的建设。推进通道内复合铁路、复合高速公路和高等级航道的建设，提升沿海综合运输通道能力，加强盐城与长三角核心城市、环渤海地区之间的联系，打造连接南北的综合运输大通道。第二，沿淮通道（力争提升为国家级通道）：充分借助《淮河生态经济带规划》上升为国家战略契机，积极谋划盐城作为淮河生态经济带入海门户的枢纽地位。发挥淮河生态廊道功能，构建以货运功能为主，客运功能为辅的沿淮通道，加强盐城与苏北中心城市交通基础设施的对接，强化盐城与淮安、皖北地区的联系，依托淮河入海水道、滨淮高速、盐城—宝应高速公路、盐城到蚌埠城际铁路、大丰—蚌埠铁路等重大交通基础设施，拓展盐城港口腹地范围。第三，盐徐通道（力争提升为国家级通道）：起自徐州，经宿迁、淮安，至盐城。构建中西部地区新的出海通道，是路桥通道的辅助通道，形成东西双向开放、区域一体联动发展格局，拓展盐城港口辐射范围，打造港城（大丰港—盐城—徐州都市圈）联动大通道。第四，盐城至苏南通道（力争提升为省级通道）：主要包含盐城、无锡、苏州，是区域重要联络通道，借助于既有宁靖盐和规划的盐泰锡常宜铁路，加强与苏南的直通，构建快速通道，主动融入扬子江城市群和苏南现代化建设示范区。第五，盐宁通道（力争提升为省级通道）：充分响应江苏省委、省政府的相关要求，加强与省会城市南京的直连快通，支撑南京首位度提升，将盐宁通道提升为省级运输通道，带动盐城尽快融入南京都市圈，加强沿江通道和沿海通道之间的联系，促进江海联动发展，加强盐城与长江中游城市群、我国西南片区及粤港澳大湾区的直通联系。第六，东亚海上通道：立足于支撑盐城陆海双向开放发展，服务韩、日等东亚地区东西双向开放重要通道。进一步巩固盐城与韩国、日本等东亚国家联系，新增东亚海上运输大通道，打破海上屏障，打造服务于东亚、东南亚等地区的便捷、通畅、高效、安全的出海货运通道，支撑盐城东西双向开放格局形成和长三角北翼区域物流枢纽发展。第七，海上丝绸之路通道：立足于支撑盐城陆海双向开放发展，以提升盐城服务“一带一路”国际互联互通战略为目标，新增“一带一路”海上运输大通道，打破海上屏障，打造服务于“一带一路”沿线国家和地区的便捷、通畅、高效、安全的出海货运通道，加快形成21世纪海上丝绸之路的海洋运输大走廊，支撑盐城东西双向开放格局形成和长三角北翼区域物流枢纽发展。